कविता मेरी साँस

ज्ञानपीठ पुरस्कार से सम्मानित तेलुगु कवि
सी.नारायण रेड्डी की 63 कविताएँ

कविता मेरी साँस

सी. नारायण रेड्डी

सम्पादक
डॉ. भीमसेन 'निर्मल'

भारतीय ज्ञानपीठ

लेखक/ प्रकाशक की अनुमति के बिना इस पुस्तक को या इसके किसी अंश को संक्षिप्त, परिवर्धित कर प्रकाशित करना या फ़िल्म आदि बनाना कानूनी अपराध है।

ISBN : 978-81-263-1432-4

राष्ट्रभारती
लोकोदय ग्रन्थमाला : ग्रन्थांक 478

प्रकाशक :
भारतीय ज्ञानपीठ
18, इन्स्टीट्यूशनल एरिया, लोदी रोड
नयी दिल्ली-110 003

मुद्रक : मॉडर्न प्रिंटर्स, दिल्ली-110 032

चौथा संस्करण : 2007
मूल्य : 190 रुपये

KAVITA MERI SAANS
(Telugu Poems)
by C. Narayan Reddy

Published by
Bharatiya Jnanpith
18, Institutional Area, Lodi Road
New Delhi-110 003

Website : www.jnanpith.net
E-mail : jnanpith@satyam.net.in

Fourth Edition : 2007
Price : Rs. 190

प्रस्तुति

भारतीय ज्ञानपीठ ने सदा भारतीय साहित्य में एक सेतु की सक्रिय भूमिका निभाई है। ज्ञानपीठ पुरस्कार की असाधारण सफलता का मुख्य कारण यही है । भारतीय भाषाओं में से चुने हुए किसी शीर्षस्थ साहित्यकार को प्रतिवर्ष दिए जाने वाले पुरस्कार का अनूठापन इसमें है कि यह भारतीय साहित्य के मापदण्ड स्थापित करता है । ज्ञानपीठ इन चुने हुए साहित्यकारों की कालजयी कृतियों का हिन्दी (और कभी-कभी अन्य भाषाओं में भी) अनुवाद पुरस्कार की स्थापना के समय से ही साहित्यानुरागियों को समर्पित करता आ रहा है । इसके अतिरिक्त विभिन्न भाषाओं के अन्य साहित्य- मनीषियों का हिन्दी अनुवाद के माध्यम से उनकी भाषायी सीमाओं के बाहर परिचय कराके ज्ञानपीठ एक अत्यन्त महत्त्वपूर्ण राष्ट्रीय उत्तरदायित्व निभा रहा है । इस साहित्यिक अनुष्ठान को और अधिक प्रभावी बनाने के लिए ज्ञानपीठ विभिन्न साहित्यिक विधाओं की उत्कृष्ट कृतियों को भी 'भारतीय कवि', 'भारतीय कहानीकार' , 'भारतीय उपन्यासकार' आदि शृंखलाओं के रूप में प्रकाशित कर है । प्रत्येक विधा में सभी अग्रणी लेखकों की कृतियाँ व संकलन इस योजना में सम्मिलित किये जाते हैं । हमारा अनुभव है कि किसी भी साहित्यिक (या अन्य भी) रचना का हिन्दी में अनुवाद हो जाने पर उसका अन्य भाषाओं में अनुवाद सुविधाजनक हो जाता है । इन शृंखलाओं की उपयोगिता को दृष्टि में रखते हुए कुछ पूर्व-प्रकाशित पुस्तकों को भी इसमें सम्मिलित किया है और आगे भी ऐसा विचार है । इनके अतिरिक्त विभिन्न भाषाओं के नये और नवोदित लेखकों को उनकी भाषा-परिधि के बाहर लाने में भी हम सक्रिय हैं । हमारा विश्वास है कि यह सब प्रयत्न आधुनिक भारतीय साहित्य की मूल संवेदना उजागर करने में सार्थक होंगे ।

इस पुस्तक के प्रकाशन में भारतीय ज्ञानपीठ के कार्यकारी निदेशक डॉ. पाण्डुरंग राव का परामर्श और सहयोग प्राप्त रहा है । पुस्तक का जो रूप निखरा है वह उन्हीं के परिश्रम का फल है । तेलुगु मूल का देवनागरी में लिप्यन्तर उन्हीं की सहायता से सम्भव हुआ है। उनके अतिरिक्त डॉ. गुलाबचन्द्र जैन ने इसके मुद्रण-कार्य में विशेष दायित्व निभाया है । इनके अथक परिश्रम के बिना यह कार्य पूरा होना कठिन था ।

प्रस्तुत है ज्ञानपीठ पुरस्कार-विजेता की इस कृति का नया संस्करण !

नई दिल्ली
3 जून 1992

र. श. केलकर
सचिव

अपनी ओर से

भारत भारती की भारतीयता के माध्यम से ज्ञानभारती का साक्षात्कार करना और कराना भाषा, साहित्य, संस्कृति और दर्शन की चार भुजावली शारदा की सक्रिय आराधना करने वाले भारतीय ज्ञानपीठ का परम ध्येय है। प्राज्ञ की भाषा प्रपंच को ब्रह्म का रूप देती है, व्यक्ति को विश्व-वीणा में विलीन बना देती है और एक को अनेक में परिणत कर देती है। इसी प्रकार की ऊर्जस्वित वाणी को पहचान कर विश्व के कण कण में उसके नाद-सौंदर्य और भाव-गांभीर्य को ध्वनित करने से वसुंधरा विश्वंभरा बन जाती है। ज्ञानपीठ पुरस्कार की परिकल्पना इसी लक्ष्य की ओर अग्रसर वाङ्मय साधना है। इस साधना के फलस्वरूप अब तक भारतीय साहित्य के छब्बीस मनीषी रचनाकारों को प्रणतिपूर्वक पुरस्कृत करने का सौभाग्य इस संस्था को प्राप्त हुआ है। किसी भी रचनाकार का सच्चा सम्मान सारस्वत संसार की सम्पत्ति बनाने में होता है, इस सत्य की ओर भी ज्ञानपीठ सजग रहा है। इसी का अद्यतन प्रमाण है—आज का यह प्रकाशन 'कविता मेरी साँस'।

आधुनिक तेलुगु कविता के यशस्वी आराधक और इस वर्ष ज्ञानपीठ पुरस्कार से सम्मानित डॉ. सी. नारायण रेड्डी आज के उन इने-गिने कवियों में से हैं जिनको वाणी के वरदान के साथ-साथ विश्व-दर्शन की विविक्त भावुकता भी मिली है। अक्षर, शब्द, वाक्य और वक्तव्य—चारों में सिद्धहस्त और रससिद्ध डॉ. रेड्डी के लिए कविता कोई साधना नहीं है, वह उनके लिए सहज सुलभ चेतना है। इसलिए वह उनकी साँस बन गई है। साठ से कम आयु में चालीस से अधिक काव्यकृतियों के प्रणयन के माध्यम से वाग्देवी की वंदना करने वाले 'सिनारे' का कवि-कंठ आज मूसी के किनारे से यमुना के किनारे तक संप्रसारित हो रहा है, इसका कारण कवि की यही निसर्ग काव्य-चेतना है जिसको पुरस्कृत और प्रस्तुत करने का अवसर आज हमें मिल रहा है। प्रस्तुत प्रकाशन इसी प्रशस्त वाणी की प्रस्तुति है।

प्रस्तुत संकलन में डॉ. नारायण रेड्डी की समस्त काव्य-कृतियों में से चुनी गई 63 कविताओं का संकलन है। इन कविताओं का चयन कवि ने स्वयं किया है और इनका संपादन भी उन्हीं की देखरेख में हिन्दी और तेलुगु के जाने-माने विद्वान् डॉ. भीमसेन 'निर्मल' ने किया है। इस संकलन में संगृहीत कविताओं का अनुवाद 'निर्मल' जैसे कई सांस्कृतिक संधाताओं के द्वारा सम्पन्न हुआ है। राष्ट्रवाणी के माध्यम से भारत भारती के इन आराधकों की वाग्विभूति का परिचय कराने का यह प्रयास भारतीय ज्ञानपीठ पिछले चौबीस वर्षों से करता आ रहा है। ज्ञानपीठ के लिए यह परम सौभाग्य की बात है कि इस प्रयास में अनेक महानुभावों का सहयोग सहज रूप से प्राप्त होता रहा है।

प्रस्तुत संकलन के संपादक डॉ. निर्मल ने आधुनिक तेलुगु कविता के परिदृश्य में डॉ. नारायण रेड्डी की काव्य-साधना को रेखांकित करते हुए पाठकों के सामने एक रेखाचित्र भी प्रस्तुत किया है। इससे अनुमान लगता है कि कम से कम हज़ार वर्ष पुरानी तेलुगु कविता में इसी शताब्दी में कितने परिवर्तन हुए हैं। आज से अठारह वर्ष पहले जब कवि-सम्राट विश्वनाथ सत्यनारायण के 'रामायण कल्पवृक्ष' को ज्ञानपीठ ने पुरस्कृत किया था, उस समय साहित्य-जगत् ने यह अनुभव किया था कि विश्वनाथ की वाणी में नन्नभट्ट से लेकर नारायण रेड्डी तक की वाग्विभूति समाहित है। आज डॉ. रेड्डी के इस कविता-संकलन से पता चलेगा कि

हज़ार वर्ष की यह समस्त साधना सिनारे की 'विश्वंभरा' में साँस ले रही है। कवि निमित्त बनता है, काव्य को नित्य सिद्ध करने का। इस नित्य सत्य को इस संकलन के माध्यम से सहृदय पाठक आत्मसात् कर सकते हैं। नारायण रेड्डी की प्रशस्त रचना 'मंटलू मानवुडू' (ज्वालाएँ और मनुष्य) में संगृहीत कविताएँ पढ़ते समय किसी भी विज्ञ पाठक को एक उपनिषद् वाक्य अनायास याद आता है—"ज्वालमालाकुलं भाति विश्वसस्यायतनं महत्।" श्रुतिमाता की इस स्मृति में 'विश्वंभरा' कृति का भी आभास मिलता है। "विश्वस्यायतनं महत्, विश्वमिदं वरिष्ठम्" आदि विश्वजनीन सत्य किस प्रकार 'विश्वंभरा' के द्रष्टा की सृष्टि में कवि के कथ्य बनकर उतर आए, यह देखकर काव्य की सार्वभौम सत्यनिष्ठा के प्रति आस्था अधिक सुदृढ़ बन जाती है। इसी आस्था को आलोक–मधुर बनाने का विनम्र प्रयास यह छोटा–सा प्रकाशन, आशा है, सुधी समाज के लिए आस्वाद्य और आराध्य बन सकेगा।

विश्वनाथ वियद्वेणीं सत्यनारायणस्थिताम्।
'सिनारे' विश्व–संसेव्यां सुस्मितां तामुपास्महे।।

भारतीय ज्ञानपीठ
नई दिल्ली
25दिसम्बर , 1989

— पांडुरंग राव

अनुक्रम

नागार्जुन सागर	3
दीप के नूपुर	11
मनश्शैशव	15
अक्षर-गवाक्ष	17
मुझे जहर पीने दो	19
मानव गीत	21
मोड़	25
रेखाचित्र	27
मध्यवर्ग की मुस्कान	29
जिस दिन आज़ादी ने जन्म लिया	33
सावधान	35
विषय-सूची	37
दीप जले	41
नक्षत्र	43
एकाकी द्वीप	45
सन्ना ज़ाजी फूला माला	49
चाँद की आत्महत्या	53
आग और आदमी	55
दोनों हैं एक समान	61
अँधेरे की पढ़ाई	65
पहन लो नया मुखौटा	69
बगावती प्रभात	73

दो बैलों की मुठभेड़	75
सूखा कुआँ	79
मेरा देश दिखायी दिया	83
समय पुकारता	93
त्याग का माधुर्य	97
भाषा	101
तैल चित्र	105
टूटा इन्द्रधनुष	107
देश का नक्शा	109
नवचेतना	111
धर्म की बेटी	113
निष्कलंक प्राची	115
अ-भय	119
मन	123
निखरा मोती	125
कविता	127
ज्वलन	131
उन्मीलन	133
सपनों! रुक जाओ	135
पेड़	139
महाप्रस्थान	141
अगला क्षण	171
मानव	173
चाल	175
प्रश्न और प्रश्न	177
देश मेरी आँखों में	179
तराशने पर कितनी बार	187
सुर बदल रहा है	189
बरस पड़ीं जो शिल्पाकृतियाँ	193
काग़ज़-मशाल	199
नदियाँ	201
कितना रक्त तेल बन जाए	203

निद्रा से जागृति की ओर 205
सीकर 209
क्षणिकाएँ 211
तेलुगु ग़ज़ल 213
तेलुगु ग़ज़ल 215
तेलुगु ग़ज़ल 217
बाज़ार 219
पेटियाँ 223
प्रपंच-पदियाँ 227

परिशिष्ट
नारायण रेड्डी के संग कुछ मुखरित क्षण 233

आधुनिक तेलुगु कविता और डॉ. सी. नारायण रेड्डी

सभी भारतीय भाषाओं के समान तेलुगु भाषा में भी 19 वीं शती के उत्तरार्ध से आधुनिक युग का प्रारंभ होता है। बीसवीं सदी के प्रारंभ तक प्राचीन परंपरा का अनुसरण करते हुये, सुधारवादी विचारधारा के प्रभाव से काव्य की वस्तु और शैली में परिवर्तन परिलक्षित होता है। तेलुगु साहित्य में 'नवयुग-निर्माता' के नाम से प्रख्यात कंदुकूरि वीरेशलिंगम पंतुलु (जिन्हें भारतेन्दु हरिश्चन्द्र के समकक्ष माना जाता है) मुख्य रूप से समाज सुधारक थे। अपनी सुधारवादी विचारधारा को जनता तक पहुँचाने के लिये उन्होंने कलम का आश्रय लिया। इस कार्य के लिये उन्होंने जनसामान्य की बोली का ही उपयोग किया। बोलचाल की भाषा में ही उन्होंने तेलुगु का प्रथम उपन्यास, प्रथम नाटक, प्रथम लघु-कथा, प्रथम साहित्य का इतिहास, प्रथम आत्म-कथा आदि रचकर, आधुनिक साहित्यिक विधाओं का श्रीगणेश किया। वास्तव में इन्हें तेलुगु के आधुनिक साहित्य का प्रवर्तक माना जा सकता है। ये भारतेन्दु से दो वर्ष बड़े थे और सन् 1919 तक जीवित थे।

पंतुलु जी से प्रभावित होकर साहित्य के क्षेत्र में पदार्पण करने वालों में श्री गुरजाड अप्पाराव प्रमुख हैं। वे समाज सुधारक थे।राष्ट्रीय भावनाओं को व्यावहारिक भाषा में व्यक्त करने वाले कतिपय मुक्तक, गेय काव्य और 'कन्याशुक्लम्' नामक नाटक इनकी कीर्ति के प्रकाश-स्तम्भ हैं।

पांडित्यपूर्ण प्रदर्शन तथा अनावश्यक आडंबर से तेलुगु भाषा को मुक्त कर, जनसामान्य के दैनंदिन प्रयोग के निकट लाने का श्रेय श्री गिडुगु राममूर्ति पंतुलु को है। इनकी रचनाओं का उतना महत्व नहीं है जितना इनके व्यावहारिक भाषा के आन्दोलन का। इन्होंने "सवर जाति" (उडीसा और आन्ध्र प्रदेश के सीमा प्रांतों में रहनेवाले आदिवासी) के लिये लिपि, व्याकरण और कोश का निर्माण किया। यह भाषा-विज्ञान के क्षेत्र में अन्यतम योगदान माना जाता है।

इस युग में "आन्ध्र पत्रिका" और "भारती" नामक साहित्य-पत्रिकाओं का विशिष्ट स्थान है। इनके संस्थापक श्री काशीनाथुनि नागेश्वर राव ने "अमृतांजन" की आमदनी को साहित्यिक और राजनैतिक कार्यक्रमों के लिये विनियोजित किया और तेलुगु भाषा और साहित्य के विकास के मार्ग को प्रशस्त किया।

यह प्रारंभिक युग सच्चे अर्थों में तैयारी का युग था, नवचेतना एवं नवजागृति का युग था जिसकी गोद में पलकर नवीन युग परिपुष्ट होकर सामने आया।

प्राचीन और अर्वाचीन प्रवृत्तियों का समन्वय कर चलने वालों में श्री तिरुपति वेंकट कवुलु (दिवाकर्ल) तिरुपति शास्त्री तथा चेल्लपिल्ल वेंकटशास्त्री नामक कविद्वय) अग्रगण्य हैं। जनता के हृदय को काव्य-माधुर्य और रचना-कौशल से मुग्ध बनाने वाले इस कविद्वय ने नगर-नगर में शतावधान और अष्टावधान के कार्यक्रमों का निर्वाह कर, कविता को राजदरबारों और पंडित-समाजों तक सीमित न रखकर जनता के हृदय में प्रतिष्ठित किया। कविता और काव्य-रचना के प्रति जनता में अभिरुचि पैदा करने वालों में ये दोनों कवि अग्रणी हैं।

तिरुपति वेंकट कवियों के प्रभाव से वर्तमान शताब्दी में कई कवियों ने अष्टावधान और शतावधान करके प्रसिद्धि प्राप्त की। आज भी अवधान की यह परंपरा सजग, सशक्त एवं सक्रिय है।

1915 के लगभग तेलुगु काव्य के क्षेत्र में छायावादी काव्य-प्रवृत्तियों का प्रारंभ हुआ। तेलुगु में छायावादी कविता को "भाव कविता" कहते हैं। हिन्दी की छायावादी कविता में जो-जो लक्षण और प्रवृत्तियाँ हैं, वे सब भाव-कविता में परिलक्षित होती हैं—जैसे शब्दों का लाक्षणिक प्रयोग, उक्ति वैचित्र्य, प्रकृति के प्रति आकर्षण, प्रकृति का मानवीकरण, आत्माश्रयी शैली, गेयता आदि आदि। भाव और लय प्रधान होने से ये कविताएँ गेय होती थीं। भाव-कविता-धारा के कवि अपने व्यक्तिगत भावावेग को बड़ी ईमानदारी के साथ अभिव्यक्त करते थे। जिस प्रकार इन कवियों की विषयवस्तु निराली थी, वैसे ही उनकी रचनाशैली एवं अभिव्यंजना प्रणाली भी नयी थी। इस धारा के कवियों ने भाषा, भाव, शैली आदि सभी में अपूर्व परिवर्तन का सूत्रपात कर दिया।

तेलुगु में छायावादी कविता का प्रवर्तन करने वाले रायप्रोलु सुब्बाराव हैं। "नव्यांध्र कविब्रह्म" कहलाने वाले सुब्बाराव जी की विचारधारा और अभिव्यंजना शैली पर विश्वकवि रवीन्द्र का प्रभाव था। इन्होंने अनेक खण्ड-काव्य और गीत लिखे हैं। इनमें "ललिता", "तृणकंकणमु" (यह काव्य प्रसाद जी के "प्रेमपथिक" के समतुल्य है), "स्नेहलता", "जडकुच्चलु", "आन्ध्रावली" "रूपनवनीतम्" आदि उल्लेखनीय हैं। सुब्बाराव जी ने काव्य के क्षेत्र में अमलिन श्रृंगार (Platonic Love) (शारीरिक संबंध से विरहित प्रेम भावना) के सिद्धांत की स्थापना की थी। उस सिद्धांत को व्यावहारिक रूप देते हुये इन्होंने "रूपनवनीतं" नामक उत्कृष्ट नाटक की रचना की है।

भावकविता की धारा को लोकप्रिय बनाने वालों में देवुलपल्लि वेंकट कृष्णशास्त्री प्रख्यात हैं। इन्हें तेलुगु साहित्य का पंत कहा जा सकता है। प्रेम की मधुरिमा, प्रकृति से तादात्म्य एवं दुःख की संवेदना इनके काव्य के मुख्य विषय हैं।

सुकुमार भाव, अप्रतिम कल्पना एवं सरल भाषा में अभिव्यक्ति मानो इनकी अपनी संपत्ति है।

तेलुगु में इस काव्य-धारा के अन्य उल्लेखनीय कवियों में नंडूरि सुब्बाराव, नायनि सुब्बाराव, गुर्रं जाषुवा, पिंगली लक्ष्मीकांत और काटूरि वेंकटेश्वर राव, जंध्याल पापय्य शास्त्री हैं।

तेलुगु में भाव कवियों को (छायावादी धारा के कवियों और लेखकों को) एक मंच पर लाने का और उनकी रचनाओं को लोकप्रिय बनाने का श्रेय तल्लावज्झल शिवशंकर स्वामी को है। इन्हें आदर के साथ "सभापति" कहते थे। इन्होंने कवि-सम्राट् नोरि नरसिंह शास्त्री के साथ "नव्य साहिती समिती" की स्थापना कर इस धारा के कवियों और लेखकों को खूब प्रोत्साहित किया था।

कविता, उपन्यास, कहानी, आलोचना आदि सभी क्षेत्रों के अग्रणी और 'श्री रामायण कल्पवृक्ष' के यशस्वी प्रणेता कविसम्राट् विश्वनाथ सत्यनारायण ने परंपरागत काव्य-शैली का अनुसरण करते हुये छायावादी काव्य-प्रवृत्तियों से युक्त श्रेष्ठ रचनाएँ की हैं। "किन्नेरसानि पाटलु" इस प्रवृत्ति का श्रेष्ठ उदाहरण है।

जिस प्रकार हिन्दी साहित्य में छायावाद की प्रतिक्रिया के रूप में, तत्कालीन परिस्थितियों के कारणवश प्रगतिवाद का आविर्भाव हुआ, उसी प्रकार तेलुगु साहित्य में भी "अभ्युदय कविता" का प्रादुर्भाव हुआ।

द्वितीय महायुद्ध के आरंभ होने से पूर्व सारे देश में दरिद्रता का ताण्डव नृत्य-सा हो रहा था। बेकारी बढ़ रही थी। समाज के मध्यवर्ग में आर्थिक विषमताओं के कारण और मार्क्सवादी विचारधारा के प्रभाव के कारण जागृति पैदा हुई। स्वतंत्रता का आन्दोलन और ज़ोर पकड़ने लगा। विदेशी शासन का दमन कांड और उत्पीड़न चरम सीमा पर पहुँच चुका था।

इन परिस्थितियों के कारण कवि का हृदय व्याकुल हो गया। उसने देखा कि कल्पना प्रधान काव्य-रचना से समाज का उद्धार नहीं होगा। अतः कवि कल्पना के आकाश से ज़मीन पर उतर आया और आर्थिक विषमताओं में पिसने वाले समाज का चित्रण करने लग गया। इस यथार्थवादी कविता पर साम्यवादी विचारधारा का विशेष प्रभाव है।

तेलुगु में अभ्युदय कविता (प्रगतिवादी काव्य-धारा) के प्रवर्तक एवं अग्रणी श्रीरंग श्रीनिवासराव (श्रीश्री. के नाम से प्रख्यात हैं।) छंद के बन्धनों को तोड़कर नये वर्ण्य विषय को, नये विधान में अभिव्यक्त कर श्रीश्री. अभ्युदय काव्य धारा के मार्ग-दर्शक बने। श्रीश्री. केवल क्रांति से ही संतुष्ट नहीं हैं, वे एक नवीन सामाजिक एवं

आर्थिक-व्यवस्था की स्थापना की प्रेरणा देते हैं। वैसे तेलुगु में प्रगतिवादी कवि ही प्रयोगवादी कवि हैं। श्रीश्री. को प्रयोगवादी काव्य का भी उन्नायक माना जा सकता है। श्रीश्री. का प्रसिद्ध काव्य-संग्रह 'महाप्रस्थान' है।

अनिसेट्टि सुब्बाराव ने प्रगतिवादी विचारधारा को बड़े ही कलात्मक ढंग से अभिव्यक्त किया है। आरुद्र प्रलय का आह्वान करने वाले और प्रगतिवाद और प्रयोगवाद को सुव्यवस्थित रूप देने वाले कवि हैं। श्रीरंगं नारायण बाबु अति यथार्थवादी कविताओं के लिये प्रसिद्ध हैं।

इस धारा के अन्य कवियों में पठाभि आदि हैं। जलसूत्र रुक्मणि नाथ शास्त्री "पैरोडी" लिखने में सिद्धहस्त थे। कुंदुर्ति आंजनेयुलू वचन-कविता (गद्य-कविता) रचना के प्रवर्तक और उस प्रक्रिंया को चरमसीमा पर ले जाने वाले लब्ध प्रतिष्ठ कवि हैं। निजाम के शासन के प्रति विद्रोह का झंडा फहरानेवाले दाशरथी ने छायावादी, प्रगतिवादी और विप्लववादी श्रेष्ठ कविताएं लिखी हैं। वे तेलुगु के राजकवि थे।

नवीन काव्यधारा के साथ-साथ लगभग समानांतर रूप से प्राचीन काव्य परंपरा को भी परिपुष्ट बनाने वालों में पुट्टपर्ति नारा यणाचार्य,कालोजी नारायणराव, वा॰ वरदाचार्य, मधुनापंतुल सत्यनारायण शास्त्री आदि के नाम विशेष उल्लेखनीय हैं। विश्वनाथ सत्यनारायण इस धारा के संरक्षक रहे। तेलुगु काव्य की यह सबसे बड़ी विशेषता है कि अत्याधुनिक नवीन काव्यशैली में रचना करने वालों के साथ, परंपरागत प्राचीन शैली में रचना करने वाले भी लोकप्रिय हुये हैं।

प्रगतिवादी और प्रयोगवादी काव्यधारा के बाद दिगंबर कवियों का आविर्भाव हुआ जिन्होंने हिन्दी की "भूखी पीढ़ी" के कवियों के समान समाज के मुखौटे को उतार कर, उसके सच्चे और घिनौने रूप को प्रस्तुत किया और समाज की वर्तमान व्यवस्था में परिवर्तन लाने के लिये काव्य द्वारा प्रयास किया। निखिलेश्वर, नग्नमुनि, चेरबंडराजु आदि इस धारा के सुप्रसिद्ध कवि हैं। "विप्लव रचयितल संघ" (वि.र.सं.) के उन्नायक बनकर वरवरराव ने काव्य के द्वारा समाज में विप्लव अर्थात् क्रांति लाने के लिये प्रयास किया है।

आज तेलुगु में प्राचीन और नवीन-दोनों विचारधाराओं और प्रवृत्तियों से अनुप्रेरित एवं अनुप्राणित काव्य-रचनाएँ हो रही हैं। भाव-बोध में, वस्तु चयन में, भाषा शैली में, छंदोविधान में और काव्य के अन्य सभी अंगों में नव्यता लेकर तेलुगु काव्य उज्ज्वल भविष्य की ओर अग्रसर हो रहा है।

आधुनिक तेलुगु कविता में परंपरा तथा प्रयोग के इसी सहजीवन के परिप्रेक्ष्य में सतत प्रगतिशील कवि नारायण रेड्डी की काव्य-साधना की समीक्षा सार्थक और

समीचीन होगी।

कविता को प्रत्येक मानव की मातृभाषा और कविता को ममता की भाषा मानने वाले डा. सिंगिरेड्डी नारायण रेड्डी तेलुगु के लब्ध-प्रतिष्ठ कवि, गीतकार एवं समालोचक हैं। अपने नाम के तीन अक्षरों के समाहार रूप "सि.ना.रे." के नाम से वे लोकप्रिय हैं। मुक्तक काव्य, खण्ड काव्य, समग्र काव्य, गेय नाटिकाएँ और गद्य नाटिकाएँ, साहित्यिक निबन्ध, शोध प्रधान लेख, यात्रा संस्मरण, काव्यानुवाद, सिने-गीत आदि अनेक विधाओं को विगत चालीस वर्षों से डा. रेड्डी ने अपने अमृत स्पर्श से प्रभापूर्ण बना दिया है। मात्रिक गेय छंद को अपनाकर उसमें समग्र काव्य लिखने का श्रेय रेड्डी जी को प्राप्त है। 1951-52 में रचना क्षेत्र में प्रवेश कर डा. रेड्डी ने रचनाकार्य को एक तपस्या, एक साधना मान लिया है। छायावादी काव्यधारा के प्रभाव से प्रेम, शृंगार, आदि को वर्ण्य विषय बनाकर, गीत और गेय काव्य लिखें हैं, प्रगतिवादी काव्यधारा के प्रभाव से समाज के यथार्थ का व्यंग्यपूर्ण चित्रण किया है और क्रांति का नारा बुलंद किया है। फिर भी प्रारंभ से उनकी अपनी अलग शैली रही है जिसे हम प्रगतिशील मानवतावाद कह सकते हैं। नित्य नूतन प्रयोग के प्रेमी कविवर रेड्डी ने प्राचीन परंपरा के साथ नवीन प्रयोग का समतौल्य बनाये रखने का स्पृहणीय प्रयास किया है। अद्वितीय संयम और दीक्षा के साथ अनवरत रचनाएँ करते हुए रेड्डी जी ने तेलुगु साहित्य के क्षेत्र में अपने लिये विशिष्ट स्थान बना लिया है।

सहज प्रतिभा-संपन्न रेड्डी जी ने हाई स्कूल की कक्षाओं में पढ़ते समय से ही तुकबंदी करना शुरू किया था। उनका पहला काव्य-संकलन 'फूलों के गीत' (सन् 1952 में जबकि वे मात्र बीस वर्ष के थे) प्रकाशित हुआ। उसके बाद कवि और पंडितों की संगति के प्रभाव से वे निरंतर काव्य-साधना में लग गए और आज तक उनकी 45 से अधिक काव्यकृतियाँ प्रकाशित हुईं। सन् 1968 से तो प्रति वर्ष एक काव्य संकलन नियमित रूप से प्रकाशित होता आ रहा है। मुक्तक काव्यों तथा गेय रूपकों के अतिरिक्त रेड्डी जी का शोधप्रबन्ध "आधुनिक आन्ध्र कविता परंपरा और प्रयोग" विद्वत् समाज में बहुप्रशंसित है। मीरा और सरोजिनी नायुडू के गीतों के रेड्डी जी के अनुवाद पर्याप्त लोकप्रिय हुए हैं। रेड्डी जी ने सिनेमा के लिए लगभग 5000 गीत लिखें हैं। इनके कतिपय सिने गीतों का संकलन "दिन में ही खिली चांदनी" के नाम से प्रकाशित हुआ है। 1981 में प्रकाशित "विश्वंभरा" तो सी. नारायण रेड्डी की काव्य-प्रतिभा एवं चिंतन की पराकाष्ठा का मूर्तिमान रूप है। "मंथन (1975) नामक काव्य संकलन के प्रकाशन के पश्चात् मानवीय प्रवृत्तियों के क्रमिक विकास के आधार पर मानव के इतिहास को काव्य रूप देने के लिए वे

गंभीरता से विचार करते रहे हैं। वैसे तो मानवीय प्रवृत्तियों का चित्रण एवं उनका मानवीकरण रेड्डी जी के काव्यों में यत्र-तत्र-सर्वत्र दिखाई पड़ता है। ''मंथन'', ''मृत्युमुख से'', ''भूमिका'' आदि काव्य संकलनों में अभिव्यक्त भावों का परिष्कृत रूप ही ''विश्वंभरा'' है।

रेड्डी जी की प्रारंभिक कविताओं में वैविध्य है। कहीं छायावादी भावधारा है, तो कहीं प्रगतिशील। कहीं वैयक्तिक प्रणय का प्रतिपादन है, तो कहीं विश्वमानव प्रेम का। कहीं प्राचीन ऐतिहासिक परंपराबद्ध दृष्टिकोण है, तो कहीं समकालीन सामाजिक गतिविधियों के प्रति आकर्षण। कहीं राष्ट्रीयता और अन्तर्राष्ट्रीयता के उद्गार हैं तो कहीं प्रांतीयता के प्रति आत्मीयता की अभिव्यंजना। यह वैविध्य डा. रेड्डी को तेलुगु के अन्य कवियों से अलग एक विशिष्ट स्थान का अधिकारी बनाता है। कवि होने के साथ-साथ रेड्डी जी सधे हुए समालोचक भी हैं। सर्जनात्मक प्रतिभा के साथ रेड्डी जी की अनुसृजनात्मक [1](अनुवाद) प्रतिभा भी अनुपम है।

संवाद-कौशल के साथ भाषण-कुशलता से रेड्डी जी श्रोताओं को मुग्ध कर देते हैं। यों कहें तो अतिश्योक्ति नहीं होगी कि रेड्डी जी की यही बहुमुखी प्रतिभा उनकी यशस्विता का मूल कारण है।

डॉ. सी. नारायण रेड्डी का जन्म 1931 में आन्ध्र प्रदेश के करीम नगर ज़िले के हनुमाजीपेट नामक गांव में, मध्य वर्ग के किसान परिवार में हुआ था। पिता का नाम मल्लारेड्डी और माता का नाम बुच्चम्मा था। उनके वंश का नाम ''सिंगिरेड्डी'' था। उस समय निजाम रियासत में शिक्षा का माध्यम उर्दू था। अपने ही गांव में प्राथमिक शिक्षा, सिरिसिल्ला (तालूका केन्द्र) में माध्यमिक शिक्षा और करीमनगर में हाई स्कूल की शिक्षा प्राप्त की। तत्पश्चात् हैदराबाद नगर पहुंचकर उस्मानिया विश्वविद्यालय की इंटर, बी.ए. और एम.ए.(तेलुगु) की परीक्षाएं पास कर, वहीं 1955 में तेलुगु के प्राध्यापक के पद पर नियुक्त हुए। 1962 में पी-एच.डी. की उपाधि प्राप्त की। 1963 में रीडर और 1976 में प्रोफेसर बने। 1981में आन्ध्र प्रदेश के राजभाषा आयोग के अध्यक्ष बनकर, राज्य में तेलुगु भाषा को प्रशासनिक क्षेत्र में समुचित स्थान दिलाने के लिए सराहनीय प्रयास किया। उसके पश्चात् वे आन्ध्र प्रदेश सार्वत्रिक (open) विश्वविद्यालय के कुलपति पद पर नियुक्त हुए। प्रो. जी.राम रेड्डी द्वारा बीजारोपित उक्त विश्वविद्यालय में रेड्डी जी ने नए-नए पाठ्यक्रमों को स्थान देकर, उसे एक महावृक्ष का रूप दिया है। संप्रति वे तेलुगु विश्वविद्यालय के कुलपति हैं और अपनी नवनवोन्मेषशालिनी प्रतिभा से इस विश्वविद्यालय के विकास और प्रगति के लिए प्रयत्नशील हैं। इसके अतिरिक्त

1. डॉ. रेड्डी अनुवाद को 'पुनःस्तुष्टि' या 'अनुसर्जना' कहना पसन्द करते हैं।

कतिपय शासकीय और स्वैच्छिक समितियों के सदस्य के पद पर रहकर, रेड्डी जी भाषा और साहित्य के विकास की दिशा में सक्रिय सेवाएँ कर रहे हैं।

रेड्डी जी को अपनी रचनाओं पर कई पुरस्कार प्राप्त हुए हैं। ''ऋतुचक्र'' पर 1965 में आन्ध्रप्रदेश साहित्य अकादमी का पुरस्कार मिला तो 1974 में केन्द्र साहित्य अकादमी का पुरस्कार ''मंटलू-मानवुडू'' (आग और इन्सान) के लिए। 1982 में ''विश्वंभरा'' काव्य पर महाकवि कुमारन आशान, भीलवाड़ा एवं सोवियत लैंड नेहरू (प्रथम श्रेणी) पुरस्कार प्राप्त हुए। एक वर्ष में, एक ही काव्य पर तीन-तीन पुरस्कारों का उदाहरण विरल ही है। डॉ. रेड्डी जी को 1976में मेरठ विश्वविद्यालय ने मानद डी.लिट् की उपाधि से और 1978में आन्ध्र विश्वविद्यालय ने ''कलाप्रपूर्ण'' (मानद डाक्टरेट) और तिरुपति के श्री वेंकटेश्वर विश्वविद्यालय ने डी.लिट् की उपाधि से सम्मानित किया। 1977 में भारत सरकार ने ''पद्मश्री'' की उपाधि से समलंकृत किया। इनके अतिरिक्त कई साहित्यिक संस्थाओं ने रेड्डी जी को सम्मानित एवं पुरस्कृत किया। तेलुगु साहित्य के प्रतिनिधि के रूप में रेड्डी जी मलेशिया, रूस, अमरीका, कनाडा, इंग्लैंड, फ्रांस आदि की यात्रा कर चुके हैं। जहाँ-जहाँ गए, वहाँ अपने भाषणों से श्रोताओं को मुग्ध कर दिया।

जीवन के नित्य सत्यों को काव्यमय भाषा में, सरसता के साथ अभिव्यक्त करने की सामर्थ्य ने रेड्डी जी की कविताओं को अत्यन्त लोकप्रिय बनाया है। यति-प्रास, अनुप्रास, अन्त्यानुप्रास आदि रेड्डी जी की कविता में अनायास आ जाते हैं, जिससे कविता सहज प्रवाह से युक्त होकर, पाठक को मुग्ध कर देती है। उनकी काव्यशैली पर उर्दू काव्यशैली का विशिष्ट प्रभाव है। उर्दू काव्य शैली को आत्मसात् कर, उन्होंने उसे अपने मौलिक ढंग से अभिव्यक्ति का साधन बनाया है। कविता को मानवता की मातृभाषा मानने वाले रेड्डी जी सुमधुकर कंठ से अपनी कविताओं को निराले ढंग से सुनाते हैं तो श्रोता हर्षोत्फुल्ल हो जाते हैं। शब्दों के विनूतन प्रयोग के लिए रेड्डी जी प्रसिद्ध हैं। ''कहने'' के लिए ''गले की गांठ खोलना'', ''अधिकारी'' के लिए ''कुर्सियों से चिपकी चमड़े की पुतलियां'', ''आजकल के साधारण मानव'' के लिए ''किराए के मकान को ही वृन्दावन मानने वाला वनमाली'' – इस प्रकार वर्ण्य विषय को विनूतन शब्द-चित्रों में अभिव्यक्त करते हैं। एक स्थान पर भाषा की परिभाषा देते हुए रेड्डी जी कहते है कि ''भाषा समस्त विश्व को एक कमरे में समा देने वाला वेंटिलेटर है अथवा हजार फन उठाकर नर्तन करने वाला इन्स्पिरेशन है। भाषा ही मेरे लिए मधुर वरदान है, भाषा ही मेरा बनाया जीवन-गोपुर है।'' साधारण बोलचाल की भाषा के शब्दों के प्रयोग में और उनके सम्मिश्रण में रेड्डी जी की प्रतिभा अद्वितीय है। शब्द क्या है? रेड्डी के ही शब्दों में ''अर्थ को दूध पिलाने वाले

थन हैं।''

नारायण रेड्डी की कविताओं में प्रारंभ से ही आशावाद के दर्शन होते हैं। हालाहल की ज्वालाओं को अमृत-कणिकाओं में परिवर्तित करने तक अपने अंतरमंथन को जारी रखने का प्रण कर, वे यह आशा प्रकट करते हैं कि जिस भूमि पर रक्त छिड़का था, वहीं इतर की बौछार होकर रहेगी। विश्व मानवता पर विश्वास रखने वाला यह कवि ''अक्षरों का गवाक्ष'' में कहता है कि जब तक चिंतन की चेतना प्रज्वलित बनी रहेगी, तब तक जीवन के लिए ऊषा ही है, सायं-संध्या नहीं। वर्तमान सामाजिक समस्याओं में उभचूभ होने वाले मानव के लिए रेड्डी जी अपनी कविताओं में इन्द्रधनुष के रंगीन चित्र प्रस्तुत करते हैं। वर्तमान अत्याचारों, अन्यायों एवं आसुर-प्रवृत्तियों के कारण मानव के मस्तक में जो शोले उभर पड़ते हैं, उनमें सब कुछ स्वाहा हो जाता है किन्तु चिरंजीव मानव स्वच्छतर रूप से निखर उठता है। इस आशावादी कवि ने अपनी कविताओं में क्रान्ति का उद्‌बोधन भी किया है। वे कहते हैं कि मानव की उंगलियां चाबुक के समान, चरण किरणों की भाँति, चितवन दावाग्नियों की नाईं, और विचार शतघ्नियों (तोपों) के समान बन जावें और अनुक्षण जागरण और अहरह संघर्षण होता रहे तभी मानव विश्वशान्ति के अपने लक्ष्य को प्राप्त कर सकेगा।

केन्द्र साहित्य अकादमी द्वारा पुरस्कृत ''मंटलू-मानवुडू'' श्रेष्ठ ध्वनि काव्य है ''मंटलु'' (शोले) अग्नि के रूप हैं। ''मंटलू'' मानव में निहित चैतन्य के तथा धर्माग्रह के रूप में चित्रित हैं। समाज में व्याप्त अन्याय, अत्याचार और असुर-तत्व का उन्मूलन करने के लिए मानव के हृदय में आग उबल उठती है। ये शोले मानव के मस्तक में और मस्तिष्क में उत्पन्न होकर दिन दहाड़े, सरे बाज़ार प्रज्वलित होते हैं, कभी बुझने वाले नहीं। चिरंजीव मानव के मन के ये शोले कभी बुझने वाले नहीं हैं।

वृक्ष चैतन्य का प्रतीक है। राजा के द्वारा काट दिए जाने पर वह वृक्ष शाखाओं के कुल्हाड़ों के रूप में, छोटी शाखाओं के हंसिये के रूप में, पत्तों के चाबुकों के रूप में, फूलों के खड्गों के रूप में परिवर्तित होकर, स्वयं ही नवविप्लव सम्राट बनकर उसी पापी राजा को पाताल में फेंक देता है।

कवि कहते हैं कि श्रमजीवी (मज़दूर) के पसीने की बूंद में निखरा मोती भी है और अग्नि का गोला भी।

इस प्रकार इस काव्य-संकलन में अत्याचारों के प्रति रोष, सामाजिक चेतना तथा समाज-हित को कवि ने अंगारों से प्रज्वलित रूप में अभिव्यक्त किया है।

दलित व पीड़ित जनता के उत्थान की प्रबल आकांक्षा इस संकलन की प्रत्येक कविता में परिलक्षित होती है।

डा. रेड्डी के प्रत्येक काव्य में मानवतावादी दृष्टिकोण सुस्पष्ट रूप से अंकित हुआ है। मानवता के प्रति प्रगाढ़ विश्वास उनकी कविता का मूलस्वर है। ''उदयं ना हृदय'' (उदय ही मेरा हृदय है) नामक काव्य-संकलन की निम्न पंक्तियों में कवि का आशय स्पष्ट हो जाता है। वे कहते हैं–

''कवि है मेरा नाम
चेतना है मेरे वंश का नाम
सहजीवन है मेरा गाँव
समता है मेरा आदर्श ''

आगे कहते हैं कि–

है मृत्यु मेरी प्रबल शत्रु
है जीवन मेरा आत्मबंधु
है रविबिंब मेरा मस्तक
है चंद्रबिंब मेरा मन
है गगन ही मेरा बदन
है उदर मेरा हृदय

इस प्रकार कवि का प्रगतिशील मानवतावादी दृष्टिकोण उनके प्रत्येक संकलन में देखा जा सकता है।

''मंथन'' (मंथन) नामक काव्य संकलन के चार खंडों--मनन, ज्वलन, उद्गमन, उन्मीलन--में कवि ने प्रतीकात्मक रचना-विधान को प्रधानता दी है। मानव मन की चित्र-विचित्र गतियों को अक्षर रूप दिया है। ''उदयं ना हृदय'' (उदय मेरा हृदय है) नामक काव्य-संकलन में स्पष्ट कर दिया है कि ''मानवता ही मेरा इतिवृत है।'' ''इंटिपेरू चैतन्यं'' (कुल का नाम है चैतन्य) में ''उन्मुक्त-मानवता-विहंग'' के उत्ताल-गगनांचलों को स्पर्श करने की अपनी अभिलाषा को अभिव्यक्त किया है। इन मुक्तक कविताओं से संतुष्ट न होकर मानवता के विकास-क्रम की भूमिकाओं का चित्रण ''भूमिका'' शीर्षक सुदीर्घ गीतिकाव्य में किया है। अठारह खंडों की इस ''भूमिका'' में मानव की प्राथमिक-शिशु-नागरिकता से लेकर, वेद-मंत्रों के द्रष्टा महर्षि, आदि काव्य के निर्माता वाल्मीकी, पंचमवेद के प्रणेता भगवान व्यास, भू

और दिव को एक कर सकने वाले प्रतिभामूर्ति कालिदास, संसार को ही रंगमंच मानने वाले शेक्सपियर, स्वच्छ-स्वेच्छा-कवित्व-व्यक्तित्व से संपन्न पोतन्ना, सूक्ष्म सामाजिक दृष्टि से युक्त वेमन्ना, महोन्नत भाव-संपन्न मानवता-मूर्ति लिंकन, मार्क्स, गांधी, सुकरात, ईसा, धरालुब्ध सिकन्दर, तेजश्शाली गौतमबुद्ध, अशोक आदि के व्यक्तित्वों में निहित मानवता को काव्यात्मक रूप में दरसाने का सफल प्रयास किया है डा. रेड्डी ने। मानवता को "निरंतर पल्लवात्मक" मानते हुए, विज्ञान और कला के क्षेत्र में उच्चतम शिखरों को प्राप्त कर, पंचभूतों और मृत्यु को जीतकर, अमर बन जाने की मानव की उत्कट इच्छा को काव्यात्मक विधान से प्रस्तुत किया है। मानव के मनोभाव ही उन-उन परिस्थितियों में सर्जनात्मक प्रतिभा की भूमिकाएं बनती हैं, इस तथ्य को डा. रेड्डी ने रमणीय काव्य का रूप दिया है।

'मंथन', 'मृत्यु से जीवन की ओर' नामक काव्य-संकलनों के बाद, मानवता के विकास को एक बृहत्तर कैनवास पर चित्रित करने वाला समग्र काव्य है "विश्वंभरा"। यह वचन-कविता (फ्री वर्स) में लिखा गया प्रथम समग्र-काव्य है। लगभग पाँच वर्ष के मनोमंथन के परिणामस्वरूप डा. रेड्डी ने इस काव्य को रूपायित किया है। मानव के "आदिम दशा से आधुनिक दशा' तक के विकासक्रम का कलात्मक, वैज्ञानिक एवं आध्यात्मिक-मूलभूत जीवन तथ्य इस काव्य में प्रस्फुटित हुआ है। इस काव्य में मानव को नायक, मानव की कथा को इतिवृत्त, विशाल विश्वंभरा को रंगभूमि और प्रकृति को कथा का नेपथ्य बनाकर मानव की विविध भूमिकाओं को उसकी मनःशक्तियों पर आधारित माना है। प्रथम खंड (सर्ग) में मानव-सृष्टि के पूर्व की प्रकृति के प्रति आदि मानव की प्रतिक्रियाओं का तथा प्रकृति की विभीषिकाओं से अपने आपको बचाने के प्रयासों का चित्रण है। इसके पश्चात् आवश्यकताओं के अनुरूप आविष्कार कर, भौतिक-सुखों से संपन्न बनने वाले मानव के विश्व-व्यापी विस्तार का चित्रण है। द्वितीय सर्ग में मानव की कलात्मक साधना का—संगीत, नृत्य, कवित्व, चित्रलेखन, शिल्पकला आदि ललित कलाओं में उसकी अपार विद्वता का तथा अनन्त प्रतिभा का काव्यमय प्रतीकात्मक चित्रण है। तीसरे सर्ग में मानव के विविध मनस्तत्वों को, उसकी अगाध मनःशक्ति को अभिव्यक्ति प्रदान की गई है। काम, क्रोध, लोभ आदि प्रवृत्तियों के वश होने पर मानव की पतनावस्था का, सत्य, सत्व, दया, करुणा आदि गुणों के कारण मानव के औन्नत्य का प्रतीकात्मक वर्णन है। चतुर्थ सर्ग में आध्यात्मिक क्षेत्र में मानव की तात्विक चिंतन शक्ति का, विज्ञान के क्षेत्र में प्राप्त प्रगतिशिखरों का और मानव निरंतर उद्योगशील-प्रवृत्ति का चित्रण है। पंचम सर्ग में विश्वमानव कल्याण के लिए महापुरुषों द्वारा प्रस्तुत सामाजिक सिद्धान्त, उस लक्ष्य की प्राप्ति के लिए

चलाए गए आन्दोलनों का वर्णन है। साथ ही मानव की स्वतन्त्रता को, सर्वमानव समता को प्रबोधित करने वाले लिंकन, पूँजीपतियों के अत्याचारों का खंडन कर, श्रमजीवियों के उद्धार को उद्घोषित करने वाले मार्क्स, शान्ति और अहिंसा द्वारा भारत को मुक्त कराने वाले महात्मा गान्धी आदि महापुरुष इस सर्ग में प्रतीकों के रूप में उभरकर आते हैं। इस काव्य में सर्वत्र इसी विधान को निभाया गया है। कहीं भी किसी व्यक्ति का नाम न लेकर, उसकी विशिष्ट प्रवृत्ति के वर्णन द्वारा उस व्यक्ति को संकेतित किया गया है।

"सहमानव हनन" से प्रारम्भ कर, "सहमानव जीवन" तक की इस निरंतर यात्रा में, नितनूतन प्रयोगों पर आधारित मानव की प्रगति का चित्रण इस काव्य में रमणीय तथा प्रतीकात्मक रूप में हुआ है। इस काव्य के मूल तत्व को कवि ने इस प्रकार स्पष्ट किया है–

"ऋषिता का, पशुता का
संस्कृति का, दुष्कृति का
स्वच्छन्दता का, निर्बन्धता का
समार्द्रता का, रौद्रता का
पहला बीज है मन
तुला रूप है मन
मन का आवरण मानव
मानव का आच्छादन जगत्
यही है विश्वंभरा तत्व
यही है अनंत जीवन सत्य।

"विश्वंभरा" काव्य की विशिष्टता उसके प्रतीक-संयोजन में है। वैसे नारायण रेड्डी जी की रचनाओं में प्रारंभ से ही प्रतीकात्मक-रचना-विधान के दर्शन होते हैं। इस काव्य में वह अपनी चरमसीमा को पहुंच गया है। इस काव्य में व्यक्ति प्रधान नहीं, मनश्शक्तियां प्रधान हैं। मानव-प्रवृत्तियों को प्रतीकों के रूप में ग्रहण कर रेड्डी ने व्यक्तियों की मानसिक प्रवृत्तियों को विश्वजनीन बनाया है। "रागात्मा" जर्मन देश के गीतकार "बीथोवेन" का प्रतीक है, तो "तपस्या" विश्वामित्र का प्रतीक है। इसी प्रकार "अहंकार" इन्द्र का, "शंपालता" मेनका का, "मन" गौतम बुद्ध का, "धरालोभ" सिकन्दर का, "प्रश्न" सुकरात का, "कान्ति" ईसामसीह का, "चरण" लिंकन, लेनिन और गांधी के प्रतीक हैं। इस प्रकार अनेक प्रसंगों में अनेकों प्रतीकों को स्वीकार कर इस काव्य में मानवता को देश-काल की सीमाओं में

परिमित न कर, विश्वजनीन बनाया है।

"कविता है मेरी सांस" कहने वाले नारायण रेड्डी के काव्य में व्यंजनाशक्ति अनेक विचित्र और रमणीय रूपों में दर्शन देती है। उदाहरण के लिए, निषिद्ध फल खा चुकने के बाद आदि दंपतियों को अपनी नग्नता का ज्ञान तथा स्त्रीत्व और पुरुषत्व का आभास हो जाता है। इस भाव के उदय के बाद उन्हें प्रकृति कैसे दिखाई पड़ी, स्वयं कवि के ही शब्दों में बताते हैं–

"दीख पड़ा प्रतिवृक्ष
हरी–हरी शाखों को ओढ़कर
पुकार उठा प्रतिविहग
चमकीले पंखों को ढालकर
मचल उठा आसमान
मेघ–वसन पहनकर।"

अर्थात् वृक्ष टहनियों को, पक्षी पंखों को और आकाश बादलों को पहने हुए, अपनी नग्नता को छिपाए हुए दिखाई पड़े। रेड्डी जी के वर्णन–चमत्कारों से यह सारा काव्य भरा पड़ा है।

परिमल–ज्वालाएं, पल्लव–जयंतियां, सस्यालय, बाल्य–कुल्याएं आदि–आदि उपमान एकदम नूतन और पाठक को चमत्कृत करने वाले हैं। भावों के अनुरूप काव्य के चरणों को छोटा–बड़ा करना, बिना क्रिया के वाक्य की रचना करना, क्रियाओं को कहीं चरण के प्रारंभ में, और कहीं अन्त में देकर रचना को प्रभावयुक्त बनाना, असमापक क्रियाओं से चरण को समाप्त करना आदि रेड्डी जी के रचना–विधान के चमत्कार हैं। इस प्रकार तेलुगु की वचनकविता के क्षेत्र में "विश्वंभरा" सचमुच एक उत्तुंग गिरिशिखर है।

"विश्वंभरा" नामक समग्र काव्य में नित्य प्रगतिशील मानव की विकास–यात्रा का चित्रण करने के बाद रेड्डी जी ने रुबाइयों के समान तेलुगु में पंचपदियों की रचना का सफल प्रयोग किया है। रुबाई में पहली, दूसरी और चौथी पंक्ति में तुक मिलाया जाता है। नूतन प्रयोग के प्रेमी रेड्डी जी ने अपनी पंचपदियों में पहली, दूसरी, चौथी और पांचवीं पंक्ति में तुक मिलाया है। तेलुगु में प्रपंच का अर्थ संसार या लोक है। लोक को और समाज को वर्ण्य विषय बना कर लिखने के कारण इन मुक्तकों को रेड्डी जी ने "प्रपंचपदियाँ" कहा है। ये 108प्रपंचपदियाँ शीघ्र ही पुस्तकाकार में प्रकाशित होने जा रही हैं।

आज भी अनेक प्रशासनिक कार्यों में व्यस्त रहने के बावजूद, युवापीढ़ी के कवियों को चुनौती देते हुये, वे काव्य रचना में सलंग्न हैं। उनका यह कथन सत्य है कि 'कविता लिखे बग़ैर मैं कुछ अशांति का अनुभव करता हूँ और जिस दिन कविता नहीं लिख पाता, उस दिन मुझे नींद नहीं आती है।'' आशा है रेड्डी जी की लेखनी सदैव सक्रिय बनी रहेगी और वे अपनी रचनाओं से तेलुगु साहित्य को सुसंपन्न बनाते रहेंगे।

–डॉ. भीमसेन 'निर्मल'

अनुवादक-मंडल

डा० भीमसेन निर्मल (संपादन)
स्व० आलूरि बैरागी चौधरी
स्व० प्रो० श्रीराम शर्मा
डा० एम० रंगय्या
डा० सी० ऐच० रामुलू
डा० माधवराम रेगुलपाटि
डा० पी० माणिक्यांबा
डा० वाइ० लक्ष्मी प्रसाद
डा० पी० विजय राघवरेड्डी
डा० ए० श्रीराम रेड्डी
डा० पांडुरंग राव
डा० चक्रवर्ती

(प्रत्येक कविता के अन्त में अनुवादक का नाम दिया गया है।)

नागार्जुन सागरमु

इक्ष्वाकु वंशक्षि-
तींद्र चंद्रुल कीर्ति-
कौमुदुलु नलूगडल
कलय विरिसिन नाडु
कृष्णवेणी तरं-
गिणि पयः किंकिणुलु
त्रिशरण क्वाणाल
देसल निंपिन नाडु
श्रीपर्वताग्रम्मु
सिंहलागत बौद्ध
भिक्षुवुल विज्ञान
पीठकम्मगु नाडु
सिद्धार्थुनि विशुद्ध
सिद्धांत बीजमुलु
शाखोपशाखलै
सागिपोयिन नाडु
नेनु जीविंचि यु-
न्नानंचु भाविंचि
पलिकितु गेय का-
व्यमुनु हृदयमु पेंचि

अदिगो कृष्णम्म न-
व्याप्सरांगन भंगि
नडयाडे नांध्र न
नंदनोद्यानमुन
अल्लदुगो कृष्णवे-
णम्म विद्रावरू
पमु दालिचि नट्टि बौ द्धमुबोले कदलाडे

नागार्जुन सागर

इक्ष्वाकु वंश के
राजचन्द्रों की कीर्ति-चन्द्रिकाएँ
जब चारों दिशाओं में
फैली थीं,
अपनी मधुर ध्वनियों से
सारी दिशाओं को भर दिया था,
श्री पर्वत
जब सिंहलदेशागत बौद्ध भिक्षुओं का
विज्ञान पीठ बना था,
जब सिद्धार्थ के विशुद्ध
सिद्धांत-बीज
बड़े-बड़े वृक्ष बनकर
फैल गए थे,
तब मैं अपने को
विद्यमान मानकर
अपने हृदय का विस्तार करके
गीत-काव्य लिखता हूँ।

लो, देखो! कृष्णा नदी
नव अप्सरा के समान
आंध्रभूमि के नंदन वन में टहलती है।
लो दर्शन करो!

आमे ओकसारि मन-
सार पोंगिनचालु
ईनाडु कुंगिपो-
यिन शातवाहनुल
वैभवोन्नति मिन्नु-
वाकतरगल दाकु

आमे ओकमारू नो-
रार पल्किन चालु
पदि वेल किन्नरुलु
पदिवेल किन्नेरल
हृदय तंत्रिकल म्रो-
यिंचिनटुलनिर्पिचु
आमे ओक पर्याय-
मदरि पोंगिपोयिन चालु
अमरावती मंदि-
रांतर शिला शय्य-
लंदु निद्दुर लेचु
अप्सरो-भामिनुल
मेयि विरुमुल तोचु
हीयलु मेरुपुलु वीच
आमे कन्बोमिल्कन
यैन चापमु लेदु
आमे तरगलु पोंद
नट्टि रूपमु लेदु
ज्योत्स्नाभिसारिकल
सुमनोज्ञ वसनांच
लमुलु सन्ननि गाड्पु-
लकु चलिंचिन यट्टुल;
शरदंबरमुन पिं-
जलु पिंजलुग वीच्चि
मेल मेल्लगा सागु

कृष्णा नदी द्रवमान बौद्ध धर्म के रूप में
बहती है।

वह एक बार बढ़े तो
अवनत शातवाहनों की वैभवोन्नति
आज भी उसमें
आकाश-गंगा की तरंगों का स्पर्श करेगी।
वह एक बार
मुख खोलकर गर्जन करे तो
ऐसा विदित होता है कि
मानों सहस्रों किन्नर और किन्नरियाँ
वीणाओं के हृदय-तारों को
झंकृत करते हों।
वह एक बार
चौंक पड़े तो
ऐसा मालूम होता है
कि अमरावती के मंदिरांतर्गत शिलारूपी
शय्याओं से जाग पड़ने वाली
अप्सराओं के शरीर की लचक हो
और सौंदर्य की बिजली
दौड़ती हो।

सुंदर चाप भी उसकी भौंहों के समान नहीं होगा
ऐसा कोई रूप नहीं है
जिसे उसकी तरंगों ने न ग्रहण किया हो।
उसकी लहरें ज्यों अभिसारिकाओं के
मंदवायु में हिलने वाले कोमल वसनांचल के
समान,
शरदाकाश में रूई के समान

मेघ मालिकलटुल;
आमे कैरटालु चि-
त्राति चित्रमुलैन
गतुलतो पर्यनिचु
कवितले यनिपिंचु

बोधिसत्वुनि मूर्ध-
मुनु सदा परिवेष्ट-
नमु सेयु दुर्निरी-
क्ष्य महोर्मिलहरुलट्लुः
शाक्यर्षि कडकंटि
चायलंदुन वेल्लु
वलुदूकु करुणार्द्र-
ललित भावनलट्लुः
आमे कैरटालु दि-
व्याति दिव्यमुलैन
रूपरेकलु दाल्चु
चूपुकंदक निल्चु

आमे योंडिलोन नि-
द्रावस्थ लोनुन्न
शिशुवुल विधान प-
च्चि बयलोप्पारु

आमे दक्षिण हस्त-
मंदिकोनि पर्वलिचु
श्री पर्वतुडु रा-
शीभूत सहनुंडु
नागार्जुनुनि पद
न्यास मात्रमुचेत
श्रीपर्वतुडु वैन्नै
लै पोयि विलसिंच

धीरे-धीरे आगे बढ़ने वाले मेघों की भाँति,
चित्र-विचित्र गतियों से बढ़ती हैं।
ऐसा भान होता है कि
वे स्वयं कविताएँ हों।

उसकी लहरें बोधिसत्व के सिर पर
सदा परिवेष्टित
एवं दुर्निरीक्ष्य तेजोमय लहरों के समान
तथा उनके अपांगों की छाया में
लहराने वाली
करुणार्द्र भावनाओं की
तरंगों के सदृश अत्यधिक दिव्यरूपों को
धारण करती हैं
और दृष्टि से ओझल होती हैं।

उसकी गोद में
हरे-भरे मैदान निद्रित शिशुओं की भाँति
शोभित हैं। उसकी दाहिनी ओर
सहनशीलता की राशि
श्रीपर्वत स्थित है। नागार्जुन के पदार्पण-मात्र से
श्री पर्वत चंद्रिका-सदृश
शोभित हुआ है।

नागार्जुनुनि बोध-
ना सुधाधुनि लोन
श्री पर्वतुडु वेन्नै-
यै पोयि विकसिंच
नागार्जुनुनि मेध-
लो गट्लु तेंगि पारु
विज्ञानमु रसाय-
नज्ञानमै पोंगे
        नागार्जुनुडु चूपि-
            नट्टि नूत्न पथम्मु
        बौद्धमत सौध सं-
        प्राप्ति सोपानम्मु
नागार्जुनुनि पट्ल
ननलेत्तु भक्ति स-
भ्रममुलो तनपेरु
मरचें श्री पर्वतुडु
मरचि श्री पर्वतुडु
मलचुकोनें तनुतानु
नागार्जुनुनि पेर
नव वैभवमु मीर।

('नागार्जुन सागर' से)

नागार्जुन के उपदेशामृत की ध्वनि में
श्री पर्वत नवनीत के रूप में
विकसित हुआ है।
नागार्जुन के मस्तिष्क में
असीम वैभव के साथ
विज्ञान रसायन-ज्ञान के रूप में
उमड़ पड़ा।
    नागार्जुन का दिखाया हुआ
    नवीन मार्ग
    बौद्ध-धर्म-रूपी सौध तक
    पहुँचने का सोपान है।
नागार्जुन के प्रति
उमड़नेवाली भक्ति के
अपार संभ्रम में
श्रीपर्वत अपना नाम तक भूल गया।
यहाँ तक कि
नागार्जुन पर्वत नाम से
नव-वैभव के साथ
प्रवर्तित हो चला।

(अनुः आलूरि बैरागी चौधरी)

दिव्वेल मुव्वलु

कदलनेर्चिनट्टि मट्टिगादैयैन ना तनुवुन
सिरापधमुलंटि प्राकें चित्रमैन कांतिलहरि।
आधिभौतिकम्मगु नायी देह वित र्धिपैन
गज्जकट्टें आधियाज्ञिकम्मगु रूपम्मदो?
दिव्वेल मुव्वलतो नर्तिंचु जगन्मोहिनि यदि
आत्मकु मात्रमें अक्षरवाहिनि यदि।
आयम कैंगेलिव्रे ळ्ळु अललै पिपिळळ्वोयु
कडिगिवेसिनवि नालो विडिदिचेसिन तमस्सुला
अपुर्डगर्सेनु ना मनस्सु हविरूद्गत धूममट्लु
अपुर्ड चेर्पे नादु अंतरात्म कामधेनुवट्लु।
ब्रह्मांडमु प्रमिदवोले भासिंचेंनु; दानिलोन
स्नेहामृतवर्ति प्रकाशिचेनु परमात्म लील ।

दीप के नूपुर

चलती-फिरती मिट्टी की गगरी-सा
मेरा तन,
जिसमें शिक्षा-जाल को छू कर
स्पन्दित विद्युत्-धारा।

आधिभौतिक देह मेरी
वेदिका
आधियाजिक रूप नूपुर बाँधकर
वह है जगन्मोहिनी, जो
दीप के नूपुर से अनुरणित
और अक्षरवाहिनी
अन्तरात्मा के लिए जो दृश्य है।

पल्लवारुण अँगुलियाँ
होकर तरंगायित
अन्तःकरण की कर गयीं
क्षालित तमिस्रा
तब हृदय मेरा
हविष-उद्गत धूम-सा
होता प्रसारित
तब अन्तरात्मा
कामधेनु
पावसने लगी।

ब्रह्माण्ड पन्थी-सा हुआ दीपित
उस पन्थी में
स्नेहामृतवर्त्ती ईश-सा
हो उठा आलोकित।

ओ दिव्वैल मुव्वदाना! दिव्यत्वनिधाना।
ऍल्लप्पुडु नालो इटुलेल गज्जे कदलिचेवु?

वत्सरमुन कोक्कमारुवच्चि नन्नु वट्टिट पिच्चि
वानिग जेसेंदवेला? ओना रोचिर्माला!

नी व्रेळुल तळत्तळलु नित्यमु कन्पिचिनचो
मायांधम्मैन ब्रतुकु महितकांति गोळ्ळम्मगु।

नी मुव्वल धळंधळलु नित्यमु विनिपिंचिनचो
मृण्मयमौ ई देहमु चिन्मयनादात्मकमगु।

'दिव्वेल वाक्षालु'

हे दीप-नूपुर वाणि !
हे दिव्यत्व भासिनि!
शाश्वत करो मुझको
अनुरणित।

जब तुम्हारी अँगुलियों की दीप्ति
मेरे हृदय में
प्रति दिवस होगी प्रसारित
मायाग्रस्त मेरा जीवन
महत्कान्ति का मण्डल बनेगा।
तुम्हारे नूपुरों की झनकार
मुझे देगी सुनायी अहर्निश
मृण्मय देह में तब
चिन्मय नाद होगा यह निनादित।

(अनु: डॉ. श्रीराम शर्मा)

मनश्शैशवमु

लोकवृत्त माध्वीक लोलुपमुः ताम-
सैकवासना दृप्तमु; सम्मद द्वि-
रेफरूपाँतरम्मु ना हृदय; मिन्दु
चित्रमुगनेडुशिशुत रसीभविच

इदि नागुण्डिय गूडुन पौदिगिकोनिन नूतनानुभूति; पसरुलौ
तुदरेक्कलपै वडि रात्रि दिनम्मुलु मंचुबोट्ल तीरुगजारेन्।

नालो मयूरपिंछम्मु चवुकलिचे गगनान मब्बुतुन्कयुनु लेदु
नेनु मित्रंटु वेन्नेल पुल्गुनै पोति शारद शर्वरीच्छायलेदु
ना लोन पद्मगंधम्मु वाकलु गट्ट पौडुपु गुब्बलिनिके बूतलेदु
नेनु कोकिल कुहूस्वानम्मुनै पोति गुन्न मामिड़ि पूत गनग लेदु
सृष्टि नियमातिरिक्तमै भिन्न भिन्न वासना प्रगहम्मइ भासमान
नव्यलोकावृतम्मयिना येडण्द शैशवानन्द पीठ संस्थायि यय्ये।

वोक कोन्त सेपु सद्योदलन्मंदारमुल तोड दागुड्मूतलाड़ि
वोक कोन्त सेपु निगिकि लेचि सुरचाप खण्डम्मुपै "जारुबण्ड" लाड़ि
वोक कोन्त सेपु चंद्रकरण्डमंदु वेलगोडि वत्तिकोसमै केलुसाचि
इप्ट खेला विलास संतुष्टभावना तरंगित स्वांत सुंदरुडनौचु
जगति नोक मल्लेपूल चेंडुग मलचि कदलितिनि शैशवामृत घटिक लोन।

ऍन्देगिनन् पूलमंदले कनिपिंचु लेवु मोगम्मु चिट्लिंचु, म्रोलु
ऍटु चूचिनन् पूर्णिमेन्दुवुल् रवणिचु कस्सुबुस्साडु चीकट्लु लेवु
ऍटु विन्न मत्तकेकृतुलै प्रतिनदिंचु लेवु पुच्छमुलु वाल्चेडु नैमल्लु
ऍटु गन्न चिरुनव्वुले इवताळिचु मनुज रूप भुजंगमुलु लेवु
वोक शरत्तोक वर्षर्तु वोक वसन्तमनु विवेचनीयावस्थ नतिगमिंचु,
शबलित मृदूह संपुटि शैशवम्मु ननु रसैक दृशाभिरम्युनिग जेसे।

ए पूर्व जनुः पुण्य प-
रीपाक म्मिटुल अंकुरिचेनो शिशुता-
रूपकमै ना येदलो;
आ पुण्यमे नादु जीविताशय मगुतन्!

('अक्षराल गवाक्षालु से)

मनश्शैशव

लोकगति का अति इच्छुक; तामसिक
वासना तृप्त हो; मदमस्त भ्रमर-सा
रूपांतरित मेरे हृदय में, आज
विचित्र-सा रस-भीना शैशव जागा।
यह मेरे हृदय नीड़ में पली नूतन अनुभूति, हरियाली
के नये पंखों पर गिरकर रात औ' दिन हिम बिंदुओं-सी ढुरकी।
मुझमें मयूर पंख नाच उठा, गगन में मेघ का टुकड़ा भी नहीं
मैं गगन स्पर्शी चाँदनी बन गया, शरद निशा की छाया तक नहीं
मुझमें पद्मगंध फूट पड़ा पूर्व के गिरिश्रृङ्ग पर लाली नहीं
मैं कोकिल का कुहू-स्वर बन गया, आम बौराया नहीं
सृष्टि नियमों के विरुद्ध अलग-अलग लक्षण प्रकट हो
नवलोक से आवृत मेरे हृदय में शैशवानन्द का आधार बन गया।
कुछ देर अभी विकसे मंदारों से आँख-मिचौनी कर
कुछ देर हवा के गुब्बारे फूँक, पकड़कर झूल कुलाँच मार
कुछ देर नभ तक उठकर इंद्रधनुष के टुकड़े पर फिसल कर
कुछ देर चाँद कटोरे में जलती शिखा के लिए हाथ बढ़ा
इष्ट क्रीड़ा विलास में तैर, पूर्ण संतृप्त हृदय से
जग को मोगरे की गेंद-सा बना शैशवामृत क्षण में डोल गया।
कितना भी उड़ूँ पुष्प-समूह ही दिखते हैं, नाम सिकोड़ने वाले ठूँठ नहीं
किधर भी देखूँ पूर्ण चन्द्र ही खिले हैं, फुँफकारने वाली अँधेरियाँ नहीं
किधर भी सुनूँ शीतल मंदहास ही है,मानवरूपी वाले मोर नहीं
किधर भी जोहूँ शीतल मंदहास ही है,मानवरूपी भुजंग नहीं
यह शरद, यह वर्ष, वह बसन्त, कह सकने का विवेक पार कर
मनोहारी मृदुभाव-संपुटि में शैशव ने मुझे रसपरिपूर्ण बनाया।
जाने किस पूर्व-जन्म का पुण्य-फल
इस तरह अंकुरित हुआ शैशव रूप धर
मेरे हृदय में;
वही पुण्य आज जीवन का लक्ष्य बना!

(अनु. : आलूरि बैरागी चौधरी)

अक्षराल गवाक्षालु

अक्षराल गवाक्षाल नुंचि अवलोकिस्तुन्नानु गगनान्नि
सगं चच्चिन ऊहा-जीवुलकु चमत्कार भिक्ष पॆट्टे वाण्णि।
अविगो आकाशं पंदिरिकि व्रेलाडुतुन्न द्राक्षपळ्ळु।
अहो! आषाढ़-योष आरविडिचिन अलकल चिवुळ्ळु।
शेल्ली माटल्लो अंटे सूर्युनि की समुद्रानि की पुट्टिन बिड्डलु।
मळ्ळी कॊत्तगा अनुकुंटे गगनाब्धि लो तेले नल्लनि मंचु-गुड्डलु।
वाटिल्लो कोरचेपल्ला दूसुकु पोयेवेमिटो चॆप्पना?
वाटि कूकट्लु कालिचि कूर्चिन उत्प्रेक्षलेमिटो विप्पना।?
कॊट्टिन पिंडिगा चॆबिते बानिसल वीपुल्नि चिर्ट्ळचे कारडा चरुपुलु।
अक्कडक्कड़ा ग्रड्लु मिटकरिस्तू कूर्चुन्न नॆच्चॆलुलु।
वस्तुन्ना! मीकोसमे कदू वेस्तुन्ना निच्चेनलु।
पंच-शील सूत्रालनु अक्षराला पाटिस्तुन्न वाळ्ळु मीरु।
प्रसंगालु दिगुमति चेयरु सरि कदा; परस्परं डीकोरु।
नूर्नॆनु बट्टिट वत्तिनि पेनुकुन्न परम साधुवुलु मीरु।
ऒकॆ रात्रि निंडुगा ब्रतिकि मर्नाडु कलल्नि कोलुपोरु।
अटु आफ़ीसर्लू कारु, इटु कारु चप्रासीलु।
अनिशं मिणुकु-मिणुकु मने अखिल जगत् 'एन्. जी ओ.' लु।

अक्षर-गवाक्ष

अक्षर-गवाक्ष खोल अवलोकन कर रहा अंबर का
अर्ध-मृत भाव-जीवियों को चमत्कृति-भिक्षा दाता अंबर को
देखो, वे गगन के वितान तले झूलते अंगूर
आषाढ़-योषा की लहराती अलकों के छोर
शेल्ली[1] के शब्दों में सूर्य और सागर की संतान
नया कहूँ तो गगन-जलधि में तिरती काली बरफ की चट्टानें,
और उन में श्रेष्ठ शफरी-सी क्या तलफ रही, बताऊँ क्या?
उस के नख-शिख-वर्णन की उत्प्रेक्षाएँ जताऊँ क्या?
चर्वित-चर्वण यदि करूँ तो मदिर मदवतियों को अँगड़ाई;
और कटु चित्रण करूँ तो ग़ुलामों की पीठों पर कोड़ों की मार, भाई!
जहाँ तहाँ आँखें फाड़ फाड़ ताकते मेरे यारो!
पंचशील के सूत्र अक्षरशः आचरण में लाते तुम
व्यर्थ प्रलाप नहीं करते; आपस में घुल-मिल जाते तुम।
'यथा-स्नेह तथा वर्त्तिका' को चरितार्थ करने वाले साधु मीत!
समरस रहते हो; आज पूनों, कल अमास; यह नहीं तुम्हारी रीत।
न तुम अफसर हो, न चपरासी हो,
हाँ भई, हमेशा झिलमिलाते तुम, दिव के 'एन.जी.ओ.'[2] हो।

(अनु. : आलूरि बैरागी चौधरी)

---

1. Shelly-अंग्रेजी के कवि
2. Non-Gazetted Officer

विषपानं

नन्नु त्रागनिड्ु विषमु
नाकदिये जीवरसमु।
काकोलम्मनुकादुरॉ?
कादुकादुः गुत्तुलुगा
पॅडिनचीकट्लु पिंडि
वडपोसिन रागरसमु।
तुम्मॅदपद सुल्तानुल
धूळिनैन नोचुकोनि
पूचिन उम्मॅत्त पुव्वु
ना चषकमु, ना चषकमु।
नाटिगरळकंठुनितो-
पोटी चेयुटकुगादु
सोक्रटीसु सरिबॅतिनि
चोटु गॉडिचुटकु गादु।
विंत माधुरुलकु मरगि
वॅन्नॅलदिड्लपै बरिगि
जडीभविंचिन ब्रतुकुन
सुन्ननि मंटलु लेपग-
निप्पु वोलॅ गुप्पुन मं
डॅडु बाधा परिमळमुल
तियतिय्यनि चुरुकुलु गुं
डियलो तींड्रिचि पोव-
मदिराक्षुल पॅदवुलगल
मधुशालललोन दिरिगि
मत्तिल्लिन चूपुल किसु
मंत चेदु रुचि चूपग-
नन्नु त्रागनिड्ु विषमु

('अक्षराल गवाक्षालु' से)

मुझे ज़हर पीने दो

मुझे पीने दो!
ज़हर पीने दो मुझे!
वही मेरा जीवन रस है।
        आप इसे हलाहल समझेंगे कहीं
        नहीं नहीं,
        पके हुए अँधेरों के गुच्छों को
        निचोड़ कर मैंने यह रागरस तैयार किया है।
        यही तो मेरा जीवन रस है।
        इसे पीने दो! ज़हर पीने दो मुझे!
धतूरे का वह फूल
जिसे शाही भौरों के पैरों की धूल भी न मिल सकी,
वह धतूरे का फूल
मेरा प्याला है! ज़हर पीने दो मुझे!
        शिवजी से मुकाबला करने की मेरी तमन्ना नहीं
        और न सुकरात के हमनशीं बनने की ख्वाहिश ही है।
        फिर क्यों?
        अजब लज़्ज़तों का मज़ा ले कर
        चाँदनी के तकियों पर लेट कर
        जो मेरी यह ज़िन्दगी जमूद (स्तब्ध) हुई है,
        उसमें बारीक-बारीक शोले भड़काने के लिए
        मुझे पीने दो! ज़हर पीने दो मुझे!
सीनों के लबों पर जो मयख़ाने हैं
उनमें घूम-घूम कर जो मेरी ये नजरें
मदहोश हुई हैं, उनको
कड़वाहट का ज़रा मज़ा चखाने के लिए
मुझे पीने दो! ज़हर पीने दो मुझे!

(अनु. : डॉ. भीमसेन 'निर्मल')

मानव-गीतम्

निन्नु गूर्चि पाडुकोन्दु,
नन्नु गूर्चि पाडुकोन्दु।
निन्नु, नन्नु गन्न तल्लि
नेल गूर्चि पाडुकोन्दु।

नेल पैन मेरसिन
कन्नीटि चुक्क लेरुकोंदु।
धूलि लोन विरिसिन हृद–
याल गाथ लेरुकोन्दु।

चेमटनु तडिसिन मट्टिनि
श्रीगंधमुगा धरिन्तु।
ऊर्पुल नोंदिगिन स्वरमुनु
ओंकारमुगा स्मरिंतु।

अड्सु गुडिसे लोन क्रोत्त
येंडदनु निर्मिंचुकोन्दु।
पसिडि मेड लो जीवित-
पाठम्मुलु दिद्दुकोंदु।

कुत्तुकलो विषमु दिंचि
मेत्तनि नव्वुलनु पंचि
शिव-मुद्रनु दाल्चिन मनि-
षिनि कन्नुल कद्दुकोन्दु।

सुरुल कन्न करुणात्मुडु
नरुडु गाक इंकेव्वडु?
मंदिर मेरुगनि देवुडु
मनिषि गाक इंकेव्वडु?

मानव-गीत

तेरा यह गीत, मीत!
मेरा यह गीत, मीत!
तेरी मेरी मैया
धरती का गीत मीत!

भू पर चमकते नयन–
जल की बूंदें चुनता।
धूल भरे नर के उर
के अफ़साने बुनता।

स्वेद सनी माटी को
चंदन सा उर धरता।
निःश्वास-निहित स्वर को
ओंकार समझ स्मरता।

माटी की कुटिया में
नव हृदयाशय रचता।
स्वर्ण-सौध से जीवन–
पाठ सीखता, पचता।

कंठ-मध्य गरल धार
बाँट रहा स्मिति अमृत।
शिव के प्रति-रूप मनुज
के आगे मैं प्रणमित।

सुर के वर करुणामय
मानव के सिवा कौन?
मंदिर-रहित देवता
मानव के सिवा कौन?

अणुवुलु परिगिलिचुवाडु
आत्मलु रगिलिचुवाडु
मानवुडा, काडु; रंगु
मार्चुकोन्न दानवुडु।

शतपत्रमु वलॅ विच्चिन
जगति नॉक्क चिटिक लोन
मसि चेयग नेंचेंडु—
राक्षस-वृत्तिनि प्रतिघटितु।

मंचि मनसु केंदुरोड्डिन
वंचन तल वंचुनु ले,
शिशुवुल चिरुनव्वु मुंदु
पशुवु कोम्मु वंचुनु ले।

तृप्पु पट्ट लेदा—
कत्तुलु ओर लो दागि-दागि?
बूजु पट्टि पोवा बांबुलु
अर लो मागि-मागि?

चेयि-चेयि कलिपिन विक-
सिंचुनु वॅच्चनि स्नेहमु।
मुडुचु कुन्न गुंडे लो-
गुबुल्कोनु नेत्तुटि दाहमु।

परिमळाल नॅवडापुनु?
पैर-गालि नॅवडापुनु?
ऍवडापुनु मानवता
रवि-रुक्कुलु, कवि-वाक्कुलु?

('अक्षराल गवाक्षालु' से)

जिसने अणु को फोडा
जग को किया अखाडा
नहीं नहीं वह मानव
छद्म-वेष में दानव।

शतदल-से खिले जगत्
को पल में क्षार-क्षार
करने के दैत्य-यत्न
का विरोध दुर्निवार।

देख भले को सम्मुख
बुरा झुका लेता सिर
शिशु की मुस्कान देख
पशु-विषाण जाते फिर।

जंग लगेगा म्यानों
में खड्गों पर यारो!
लगेगी फफूँदी उन
छुपे बमों पर यारो!

हाथ हाथ मिला, खिले
फिर नर में नरम स्नेह।

सिकुड़े उर में दौड़े
उष्ण-रुधिर का प्रवाह।

कौन गंध को रोके,
गंध-वाह को टोके
मनुज-रवि-ऋचा, कवि का
वचन भला क्यों चूके?

(अनु. : आलूरि बैरागी चौधरी)

मलुपु

गुजिली-प्रति लांटि गुंडेनु कापाडुकुंटू
मजिली चेयालने कोर्केल मधु-वूरिंचुकुंटू
पाटि दिब्ब मीद नडुस्तू, पच्चल तिवासि अनुकूंटू
कालि-बाट चेंबुतुन्न पूल गाथल्नि विनुकुंटू
मलुपु तिरुगुतुन्नाडु मानवुडु।

ओलिकि पोयिन गतं गूर्चि ऊर्पुलु विडिचे वाळ्ळनु
करिगि पोतुन्न वर्तमाननिकि गाभरा पडे वाळ्ळनु
भवितव्यपु वेल्तुर्नि चूसि गवाक्षालु मूसे वाळ्ळनु
दुलपरिस्तू पोतुन्नाडु मानवुडु।
मलुपु तिरुगुतुन्नाडु मानवुडु।

स्वप्नं लो सगं सागिन सहारा सौंदर्यांल्नि
शैशवं लो बुग्गल्नि ताकिन चंचल दृश्याल्नि
मिगलकुंडा तागेस्तू, सोगसुगा नेमरु वेस्तू
मत्तुगा नडुस्तुन्नाडु मानवुडु;
मलुपु तिरुगुतुन्नाडु मानवुडु।

मोडु नुदुट चिगिरिस्तुन्न मुत्याल रेखल्नि चूस्तू
मरुभूमुलु लिखिस्तुन्न मरकत रेखल्नि चूस्तू
पोग-लगा चुट्टुकुन्न नग-शिरस्सुल्नि चूस्तू
पाथेयं सरि चूसूकुंटू, पाथोधि दाटेसुकुंटु
मारुतं ला पयनिस्तुन्नाडु मानवुडु।

('अक्षराल गवाक्षालु से)

मोड़

दुर्लभ प्राचीन-प्रति-सम हृदय की रक्षा करता हुआ
मंज़िल पर पहुँचने के स्वप्न देखता हुआ
टीलों पर चढ़ता, उन्हें मरकत की क़ालीन समझता
पगडंडी कहीं फूलों की कहानी सुनता
मोड़ पर पहुँच, मुड़ रहा मानव।

ढुलके अतीत के बारे में निश्वास छोड़ने वालों को
पिघलते वर्तमान को देख घबराने वालों को
भावी प्रकाश को देख खिडकियाँ बंद करने वालों को
धता बता आगे बढ़ रहा मानव।
मोड़ पर पहुँच, मुड़ रहा मानव।

सपनों में पी हुई सहारा की शोभा को
शैशव के कोमल कपोलों पर पाटल की अरुण आभा को
हृदय में घूँट घूँट पीता, मन ही मन जुगाली भरता
आगे आगे बढ़ रहा मानव।
मोड़ पर पहुँच, मुड़ रहा मानव।

ठूँठ के माथे पर पल्लवित प्रवालों की रेखा को देखता
मरु-स्थल में विरचित मरकत-मालाओं को देखता
हिम का उष्णीस[1] धरे शीत-शैल की ओर ताकता
पाथेय की उपेक्षा कर पाथो-राशि[2] लाँघता
पवमान की भाँति क्षिप्र प्रस्थान कर रहा मानव।

(अनु.: आलूरि बैरागी चौधरी)

---

1. पगड़ी 2. समुद्र

रेखा-चित्रालु

वित्तनं लो ओत्तिगिलि वुन्न मोक्क लागा
गुंडेलो रेक्क विप्पनि कोदमकोरिक।
अलसिपोनि कंटि रेप्पल अंचुल मीद
निलुव लेक जारि पडुतुन्न निद्रा-बालिक।

हेमंत शर्वरि उषस्सु किच्चिन कान्क
पच्चनि गरिक मेड लो पच्चि मुत्याल-सरं
मूल कुंपट्लो पडि वुन्न मुसलि निप्पु
मूलुगुतुंदि; नूटारु डिग्रील ज्वरं।

मकिलि मनस्सुनु तोलिचि वेसे गंगा-नदि
काटुक कललनु कडिगि वेसे यमुना-नदि
कन्नीरु धरिंचिन भिन्न रूपालिवि।
मनिषिनि वरिंचिन मधुर शापालिवि।

कालं चैक्किलि मीद कावि रंगु पुट्टु-मच्च
तेलवारुतुन्न मृत्युवुनु तैलिपे वेगु-चुक्क
जीवित संधि-पत्रं मीद आवुलिस्तुन्न रेखलु
चरम संध्या पर्वंलो जम्मि किंदि रातलु।

('अक्षराल गवाक्षालु' से)

रेखा-चित्र

बीज में सोए हुए पौधे-सी
हृदय में पंख मूँदे कामना प्यारी
अथक पलकों के किनारे पर
ढुल-मुल ढुलकती नींद की कुमारी।

ऊषा को हेमंत-शर्वरी की भेंट
हरी-भरी दूब के गले में झिलझिल मुक्ता-हार।
अँगीठी में ऊँघती बूढ़ी आग की कराह,
एक सौ छः डिग्री का बुखार।

मन का मैल धो जाती गंगा
कजरारी आँखों को धो जाती जमुना
आँसुओं की एक ही धारा के अनेक रूप
मानव को वरे हुए मधुर शाप।

काल के कपोल पर लाल एक तिल खिला
मौत को पौ फटते समय प्रात का तारा भला;
जीवन-संधि-पत्र पर वे काली रेखाएँ
चरम-संध्या-पर्व में शमी-तरु की लेखाएँ।

(अनु. : आलूरि बैरागी चौधरी)

मध्यतरगति मंदहासं

छंदस्सुलेनि मातृभाषलो
मंदहासं चेस्तुन्नानु।
मंदहासानिकि छंदस्सुंटुंदनि
मरुवलेक पोतुन्नानु।

सुमुद्रगर्भंलो कूर्चोनि
सरिगम लेरुकुंटुन्नानु।
समाजहृदयंलो दाक्कोनि
डमरु ध्वनि विंटुन्नानु।

पाल नुरुगुल्लांटि शरन्मेघाल
नीलिरंगु गमनिस्तुन्नानु।
गड्डपरुगुलांटि शरच्चंद्रिकल
जिड्डुनु चूसि निट्टूरुस्तुन्नानु।

प्लास्टिक नव्वुल्लो दागिन
सृष्टिरहस्यालु परिकिस्तुन्नानु।
नैलान् ब्रतुकुल्लो मूगिन
जालि गाथलु वडबोस्तुन्नानु।

पैरिगिपोतुन्न धरलिन चूसि
पेदवि विरवडं मानुकुन्नानु।
कडिवेंडन्नि कललिन तागेसि
कडुपु निंपडं नेर्चुकुन्नानु।

मध्यवर्ग की मुस्कान

मैं मुस्काता हूँ छन्दरहित भाषा में
किन्तु भूल नहीं सका–
मुस्कान भी छन्दबद्ध होती है!

सागर के उदर से–
स र ग म के सुर–
चुन-चुन लाता हूँ
समाज के अन्तस्तल में
डमरू-नाद सुनता हूँ
देखता हूँ
आह भरता हूँ
शारदीय दुग्ध धवल–
मेघ फेनों में घुलती नीलिमा
और–
दधि जैसी शरच्चन्द्रिका में
स्निग्ध गाँठें
प्लास्टिकी मुस्कान के पीछे
छिपनेवाले–
संसृति-रहस्य का
अवलोकन करता हूँ
नाइलोनी जीवन से आवेष्टित
करुण कथा छानता हूँ।

बढ़ती हुई कीमतों पर
होठों से फिसलती उपेक्षा भी–
मैंने समेट ली है
और सीखा है–
कई घड़े सपने पी कर–
अपना उदर भरना।

ओक्क गुंडे रेंडुगा चीलिननाडु
रेक्क तेंगिन पक्षिला वन्नानु।
चीलिनगुंडे वेयि पेलिकर्लो नेडु
चिच्चु मिंगुतू कूचुन्नानु।

चिच्चु मिंगिन शिवुनि वारसुल्लो
चिवरिवाण्णिगा वुन्नानु
तंड्रितातल कीर्तिपरंपरलो
ताम्र शासनंला मिगिलानु।

नव्वुतुन्न जीवच्छवानिकि
रव्वल हारंला वुन्नानु।
मध्यतरगति मनस्तत्वानिकि
मायनि गायंला वुन्नानु।

वंचन नुंचि मंचिनि वेरुचेसे
अंचमुक्कुनु वेतुकुतुन्नानु।
एगिरितन्ने चट्टाल पोदुगु दुव्वि
चिगुरुपालु पितुकुतुन्नानु।

निट्टूर्पुल वंतेन मीदुगा
निजायितीनि चेरुकुंटानु।
निराश ऊडल्नि पट्टुकुनि
निंगि अंचुल्नि अंदुकुंटानु।

विल्लुला वंगिन वेन्नुपूसतोने
विजयदशमि जरुपुकुंटानु।
कोंडिगट्टिन आशयालतोने
कोत्त दिव्वेलु वेलिगिंचुकुंटानु।

('मध्यतरगति मंदहासं' से)

हृत्पिण्ड दो खण्डों में बँटा—
उस दिन मैं ऐसा पक्षी था
जिसका एक पंख कट कर गिर गया था
वही भग्न हृदय
जब हज़ार टुकड़ों में बँटता हो
मैं आग भखने लगा हूँ
विवश, अवश!

विषपायी नीलकंठ की पीढ़ी का
मैं अन्तिम वारिस हूँ
बाप-दादा-परदादा की—
कीर्ति-परम्परा का—
अवशिष्ट—ताम्रपत्र मात्र हूँ!
सस्मित सजीव शव का—
मैं हूँ रत्नहार।

मध्यवर्ग के मनोवपु का—
निराला नासूर हूँ,
मैं ऐसे हंस की चोंच का अन्वेषी हूँ
जो वंचना से साधुता को पृथक् कर दे।

और—
लतियातें विधायकों की
दुग्धोघ्नी को सहला रहा हूँ
पीयूष पाने के लिए।
निःश्वासों का सेतु पग-पग पार कर
सदाचार तक पहुँचा हूँ।
निराशा की वट-जटाओं को पकड़कर
अम्बर का आँचल छूता हूँ।
धनुष-सी झुकी कमर से
विजयादशमी मनाता हूँ!
मोड़ बँधे आदर्शों से—
करोड़ों दीपक सँजोता हूँ।
(अनु. : डॉ. श्रीराम शर्मा)

स्वातंत्र्यं पुट्टिनरोजु

गर्वंगा तललैत्ते रोजु
गतं तलचि अललैत्ते रोजु।
ई रोजु ऍप्पुडो कानि रादु।
इदि वच्चिनप्पुडल्ला
ऍदतलुपु तट्टिनप्पुडल्ला
चप्पिपटि मनिषि सैतं औताडु नैरजोदु।

समरवीरुल हुंकृतुलु
समीरवीथिलो विनिपिस्तुंटायि।
अमरवीरुल आत्मद्युतुलु।
'जनगण' संगीत जलपातंलो
जाति जातकाल विद्युत्तुलु विकसिस्तुंटायि।

एवरो नाटिन मौक्कलु
इंका वृक्षालु कालेदु।
ऐवरो चूपिन चुक्कलु
इंका इंदुबिंबालु कालेदु
एक्कडुन्नावु गोंगट्टी अंटे
अक्कडे वुन्नानंटे सरिपोदु।

ताबेल्ला नडिचे वर्षप्रणालिकलू
सेलयेळळ परुग्तीयालि।
ऍवरिकंदकुंडा ऊगे नदीमालिकल
चविटिपर्रल मेल्ळळ वेयालि।
चप्पगा चल्लारे आशयज्वालिकलु
ऍप्पटिला गुप्पुन विरबूयालि।

('मध्यतरगति मंदहास' से)

जिस दिन आज़ादी ने जन्म लिया

जिस दिन हमारा सिर गर्व से ऊपर उठता है
अतीत का स्मरण लहर उठता है
वह दिन बड़े भाग्य से मिलता है, कभी कभी तो
आता है
जब यह दिन आता है
दिल का दरवाजा खटखटाता है
मंदमति भी महावीर बन जाता है।

सामरिकों की हुंकृतियाँ
समीर-पथ को झंकृत करती हैं
अमरजीवियों की आत्मिक शोभा
अंतरिक्ष में आभा फैलाती है
'जनगण' गायन के जलप्रपात में से
राष्ट्र-भाग्य की विद्युत-निधियाँ
विकसित होती हैं।

किसी के लगाए पौधे
अभी वृक्ष नहीं बन पाए
किसी के दिखाए तारे
अभी चन्द्रमा नहीं बन पाए
जहाँ डाल दिया कंबल
वहीं पड़ा रहा तो क्या हुआ?

कच्छप गति से चलने वाली
वार्षिक योजनाओं को
झरनों की तरह बहना चाहिए
मरुधारा-सी बहने वाली नदी-मालाओं को
बंजर खेतों के कंठहार बनाना है
ठंडी पड़ी आशय-ज्वालाओं को
सुरभित सुमनों का रूप देना है
(अनु : पांडुरंग)

जाग्रत

चेरबडु दिनकर बिंबं
तरलु चील्चि वस्तुन्नदि
इरुलारा जाग्रत्त!
निद्रिस्तुन्न युग चैतन्यं
निटल नेत्रं तैरुस्तुन्नदि
निशाचरुलारा जाग्रत्त।
दब्बतिन्न नरकंठीरवं
बोब्बरिंचि लेस्तुन्नदि
देवुल्लारा जाग्रत्त!
दगा तिन्न धर्म प्रवृत्ति
निगावेसि चूस्तुन्नदि
दय्याल्लारा जाग्रत्त!
अणुवणुवुना विश्वशांति
अमृतं ला कुरुस्तुन्नदि
रणदाहमा जाग्रत्त।
मनिषि लेरिन राक्षस तत्वं
कौंन ऊपिरि विडस्तुन्नदि
अणुगोलमा जाग्रत्त।

('मध्यतरगति मंदहासं' से)

सावधान!

बन्दी बना दिनकर
आ रहा है, परतों को चीर कर
सुमनो! सावधान!

सुप्त-युग की चेतना
तीसरा नेत्र खोल रही है,
हे निशाचरो! सावधान!

आहत नर कंठीरव
दहाड़ता उठ रहा है,
देवताओ! सावधान!

छली गयी धर्म की प्रवृत्ति
निगाह डाल देख रही है,
शैतानो! सावधान!

अणु-अणु में विश्वशांति
अमृत-सी झर रही है,
युद्ध पिपासुओ! सावधान!

मानव की दानवता
अंतिम साँसें गिन रही है,
हे अणु-जगत्! सावधान!

(अनु.: डॉ. एम. रंगय्या)

विषय सूचिक

विल्लु वंगडं सहजं
विमानं ऍंगरडं सहजं
गतं तरगडं
भवितव्यं पैंरगडं
गाली उन्नंत सहजं

इंका एंदुकु जाप्यं?
इदि ऐल्लरु ऐरिगन गोप्यं
चच्चिन गतानिकि गोरी कट्टु
विच्चिन भवितव्यानिकि गोपुरं निलवैट्टु।

गतं तो पाटु स्वगतं विडिचिन वाक्कु
मतं तो पाटु अभिमतं विडवनिवाळ्
कावालि अद्यतन भविष्यत्तुलो।
चैतन्यतरुवु दाक्कोंनि उन्न चिन्नारि वित्तुलो
वित्तनं लो सत्तुव डंटे
वृक्षंगा परिणमिंचक तप्पदु।
एकंगा प्राके गुणं उंटे
अनेकंगा अळळुकोक तप्पदु।

कंचैलु मुळ् डोंकलु नशिंचि
दंडालु राज दंडालु गतिंचि
वीथि मनिषि मनुवुगा मारिनपुडु
वेदावळी जातक गाथावळी
मातृ भाषलो तिरिगि रायकुंटे
महाजनानिकि ननप्पदु।

विषय-सूची

धनु का झुकना सहज है
वायुयान का उड़ना सहज है
भूत का घटना
आगत का बढ़ना
व्याप्त पवन-सा सहज है।

फिर क्यों कर यह देरी?
यह सर्व विदित गोप्य है
मृत भूत की समाधि बना
विकसित आगत का शिखर खड़ा कर।

गत के साथ स्वगत का
विसर्जन करने वाले,
धर्म के साथ अभिगत का
विसर्जन नहीं करने वाले,
चाहिए अद्यतन आगत में।
छिपे चैतन्य-तरु के
नन्हें बीज में
बीज में सामर्थ्य हो तो
तरु के रूप में परिणत होगा ही
निरन्तर बढ़ने का गुण हो तो
अनेक ढंग से बेल बढ़ेगी ही।

काँटेदार ये रास्ते मिट कर
दण्ड और राजदण्ड हट कर
सड़क का आदमी जब मनु बनेगा
वेदावली, जातक कथावली
यदि पुनः निज भाषा में
नहीं लिखी जाएँगी तो
निश्चित है उसे न भाएँगी।

विक्रान्ति काव्यानिकिदि विषय सूचिक
विनूत्न भाष्यानिकिदि प्रथम पंक्तिक।

('मध्यतरगति मंदहासं' से)

विक्रान्ति काव्य की यह विषय-सूची है
नूतन भाष्य की यह प्रथम पंक्ति है।

(अनु.: डॉ. एम. रंगय्या)

ज्योति वेलगालि

हिमाद्रि एँत एँत्तु?
हेमाद्रि एँवरि सोत्तु?
महात्मा, नी स्वरूपं
तुहिनाद्रिकि संक्षिप्तरूपं।
बापू, नी चित्तं
प्रपंचानिकि दोरिकिन वित्तं।

नरकंलो नंदनालु नाटि
इरुकु गुंडेल्लो स्वरतरंगालु मीटि
पुट्टुबानिसलनु पुलिपिल्ललुगा मार्चि
मट्टिबेड्डलनु मणिबिंबालुगा तीर्चि
चच्चिन जव चचित जातिरक्तंलो
चेंगल्वलु पूयिंचि
वट्टिपोयिन देशवक्षंलो
वसंतालु वेलयिंचि
साम्राज्यालु गडगडलाडगा
चल्लगा नव्विन महर्षी!

इदोक विचित्र विषवलयं
वेन्नेल दुस्तुल्लो वीथुल्लो ऊरेगे
अमावास्यलकु आनंदनिलयं
नीपेरु जपिचनि कोक्केर लेदु।

('मध्यतरगति मंदहासं' से)

दीप जले

हिमाद्रि कितना ऊँचा है?
हेमाद्रि किसका धन है?

महात्मा तुम्हारा रूप
तुहिनाद्रि का संक्षिप्त स्वरूप
बापू तुम्हारा चित्त
विश्व का उपलब्ध वित्त!

नरक के नन्दनों का आरोपण कर
संकीर्ण हृदयों में स्वर-लहरी छोड़कर
मिट्टी के ढेले मणि-बिम्बों में बदलकर
राष्ट्र के हिमीभूत रक्त में—
सहस्रदल खिला कर—
शुष्क देश-वृक्ष पर—
बसन्त निमंत्रित कर
जब तुम मुस्कराए महर्षि
साम्राज्य थर-थराया!

यह—
एक विचित्र विष-वलय है
गलियों में—
चाँदनी का वेश पहने—
बारात में शामिल
अमावस्याओं के लिए—
आनन्द निलय है!

ऐसा कोई बगुला नहीं—
जो तुम्हारा नाम नहीं जपता!

(अनु : डॉ. एम. रंगय्या)

चुक्कलु

आकाशं नल्लबल्ल मीद
अदृश्य हस्तं रासिन अक्षरालु चुक्कलु
अवि अगुपिंचे दॆप्पुडु?
अज्ञानं लांटि चीकटि मुसिरि नप्पुडु
वॆलुतुरु कांति दृष्टि विसिरि नप्पुडु।

गगनमने महानगरं निंडा
गगुर्पोडिचिन विद्युद्दीपालु चुक्कलु
अवि आरि पोये दॆप्पुडु?
अवनि कन्नु विप्पि नप्पुडु
विवेकं रॆक्क विप्पि नप्पुडु।

अंतरंगं मुंगिट्लो
आनंद सीत वेसिन संक्रांति मुग्गुलु चुक्कलु
अवि एनाडु मासि पोनिवि
कवि ऊहलकु शीर्षकलैनवि।

(**'मध्यतरगति मंदहासं' से**)

नक्षत्र

आकाश के श्यामपट पर
अदृश्य हस्त के लिखे अक्षर हैं नक्षत्र
वे दृष्टिगोचर कब होंगे?
अज्ञान अंधकार के छा जाने पर,
आलोक-दृष्टि के फैल जाने पर।

गगन-महानगरी में सर्वत्र
रोमांचित विद्युत के दीप हैं नक्षत्र
वे बुझेंगे कब?
अवनी की आँख खुलने पर,
विवेक के पंख खुलने पर।

अंतरंग के आँगन में
आनंद-सीख की रची रंगोली हैं नक्षत्र
वे कभी बुझने वाले नहीं
सहस्र रवि-राग-से द्युतिकर
कवि-कल्पना के शीर्षक हैं सुखकर।

(अनु.: डॉ. एम. रंगय्या)

ऒंटि दीपं

ऒंटि दीपं ऊरिके दिक्कुलु चूस्तुन्न
चुट्टू पड्डुचु चीकट्लु
जुट्टु विरबोसुकुनि नर्तिस्तुंटे
मट्टिटदीपं बिक्कुबिक्कुन चूस्तुन्नदि।

काळ्ळुन्न कुरगालुलु
गंतुलेस्तू तिरुगुतुंटे
कुंटिदीपं पुलुकुपुलुकुन चूस्तुंदि।

''तानू चीकटिला तांडविंचगलिगिते।
तानू गालिला जालुवारगलिगिते
पंजरंलांटि प्रमिदचेर तप्पेदि।
पक्षिला तानू रेक्कविप्पेदि।''

एकाकी दीप

एकाकी दीप की जलती बाती,
यों ही
दिशाओं को निहार रही है
चारों ओर देखती है।
उन्मत्त तरुण तिमिर
काले-काले बालों की लटें खोले
नाच रहा है, नाच रहा है।

मिट्टी का दीन दीप
उसमें नन्हीं-सी बाती
देखती रह जाती है।
युवा पवन
इधर से उधर
झूम झूम विचरता है
पंगु दीप की अविचल बाती

टुकुर-टुकुर झाँकती है।

बाती सोचने लगी–
मैं भी–
तरुण तिमिर की तरह
तांडव कर पाती,
युवा पवन की भाँति
झूम झूम इठलाती,
तो–
इस पन्थी के पंजर से छूट जाती
पंछी बन कर
अनन्त गगन में उड़ जाती।

दिव्वे कळळलो अज्ञानं मुसिरिंदि।
रिव्वुर्मानि सुडिगलि विसिरिंदि।
पापं दीपं ऊपिरि तेंगिपेयिदि।
शापं तगिलिन शरीरंला नल्लनबडिपोविंदि।

तप्पुडुतलपु तेलुसुकुन्न दीपं
अप्पुडिला वापोयिदि।

''चीकटिला चिंदुलुतोक्कि
लोकनिकि मसिपूयडंकन्न
प्रमिदलो कट्टुवडिवुंडि
पसिडि वेलुगु लंदिंचडं मिन्ना।''

('मध्यतरगति मंदहासं' से)

दीपक के नेत्रों में—
अज्ञान घिर आया
अचानक हवा के झोंके का
थप्पड़ पड़ा
बेचारी बाती की साँस घुट गई
शापग्रस्त शरीर की भाँति—
काली पड़ गई।

बाती पछताती है—
तरुण तिमिर की तरह
नाच-नाच कर
दुनिया के मुँह पर
कालिख लगाने से
पन्थी में बन्दी बन
कनक किरण बाँटना ही
अच्छा है!

(अनु: डॉ. श्रीराम शर्मा)

सन्नजाजि पूल माल

''सन्नाजाजी पूलामाला '';
सायॅबुल कुर्रांडि गोंतुचिंचि
सायं संध्य अरुस्तुंदि
''सन्ना जाजी पूलामाला!''

अन्नार्तुंनि चिंपिरि बतुकुलोंचि
आकलि अंदंगा मेरुस्तुन्नदि।

ऍन्नि विनील कबरीभरालु ऍंदुरुचूस्तुन्नायो
ऍन्नि विलोल दृमांचलाल् ऍगिसिपडुतुन्नायो
आ सन्नजाजिपूल मालकोसं
आ सौरभाल तरंगालकोसं।

सायंसंध्य मरिंत नल्लबडिंदि
सायॅबुल कुर्रांडि गोंतु चल्लबडिंदि
सन्नजाजुलु तुरुमुकुन्न गुंडेल्लो
सौंदर्यतृष्ण तिरगबडिंदि।

सन्नजाजुलु पलिके सन्नायि पाटलु
चिन्न कुर्रांडि केंदेलुसु?

सन्ना ज़ाजी फूला माला

(हैदराबाद नगर में सन्ध्या समय कुछ लोग फूल बेचने निकलते हैं। महिलाएँ उनकी प्रतीक्षा करती हैं। फूल बेचने वाले बालक, युवा, बूढ़े, सभी आयु के होते हैं। मौसम के अनुसार फूल बदलते रहते हैं। चमेली के फूल और उनकी माला बेचते समय संगीत भरे स्वर में आवाज लगाते हैं—सन्ना ज़ाजी फूला माला। प्रत्येक शब्द का अन्तिम स्वर प्लुत रहता है। ज़ाजी (चमेली) के फूल बेचने वाले एक मुसलमान लड़के से प्रेरित होकर यह कविता लिखी गयी है।

— अनुवादक)

एक मुसलमान बालक के कंठ से गोधूलि की बेला
चीख उठी है—
सन्नाss ज़ाजीss फूलाss मालाss

भूखे लड़के की फटी ज़िन्दगी से—
महकनेवाली भूख—
कितनी खूबसूरत है!

कितने ही कबरी-भार
बाट जोहते होंगे,
चौकड़ियाँ भर कर
टोहते होंगे,
चमेली की इस माला के लिए
इस गन्ध-लहरी के लिए।

सन्ध्या और कजरारी हो गयी
लड़के का कंठ तृप्त हो गया
चमेली से गुँथे हृदयों में—
सौन्दर्य-लालसा करवटें लेने लगी
चमेली के फूल—
शहनाई के जो सुर भर रहे हैं
नन्हा लड़का उन्हें क्या जाने!

సన్నజాజులు పరిచే వెన్నెలకబాటలు
అన్నలార్తిండి కేం దలుసు?
గుప్పిట్లో మడిచిన చిల్లరడబ్బులిని
విప్పివిప్పి కళ్ళకద్దుకున్నాడు।
కుక్కిమంచాన పడివున్న తల్లికోసం
రెక్కలేత్తి దౌడుతీస్తున్నాడు।

('मध्यतरगति मंदहासं' से)

ये चमेली के फूल–
चाँदनी की जो पगडंडियाँ बिछा रहे हैं–
वह भूखा बेचारा उन्हें क्या जाने!

वह माँ का दुलारा
मुट्ठी के पैसों को
बार-बार
माथे से लगाता है
और–
खटिया पर लेटी
बुढ़िया माँ की ओर–
पंख लगा कर उड़ जाता है।

(अनु.: डॉ. श्रीराम शर्मा)

चंद्रुनि आत्महत्या

चंद्रुडु नूतिलो पड्डाडु।
शर्वरिकि प्रणयपाठालु नेर्पिन
शरच्चंद्रुडु नूतिलो पड्डाडु।

रोजुरोजू ताजा चीरलु कोरुकुने
रोहिणि पोरु पोरु पड़लेक;
पालडब्बालु सरिपोक गुक्कपट्टि येड्चे
पाप चुक्कल्नि समुदायिंचलेक;
गुक्कलकोट्टि अमृतान्नि ग्रोलि
दुक्कल्ला तयारैन मुक्कोटि तागुबोतुलु
ओक्कुम्मडिगा तनपै विरुचुकपडि
उन्न कवल्नि काजेस्तुंटे उंडबट्टलेक
अनुदिनमू तननु पोडवडानिकि वस्तुन्न
इनयमुक्कु राकेट्ल काकिगोल
विनलेक – सरे अनलेक;
चंद्रुडु पापं नूतिलो पड्डाडु।
क्षणकालं आत्महत्यकु तलपड्डाडु।

('मध्यतरगति मंदहासं' से)

चाँद की आत्महत्या

चाँद कुँए में जा गिरा।
शर्वरी को प्रणयपाठ सिखाने वाला
शरच्चन्द्र कुँए में जा गिरा।

रोज़ बरोज़ नई साड़ियाँ चाहने वाली
रोहिणी के तकाज़े को सह न सक;
दूध के डिब्बों के बस न होने पर,
चीख चीख रोने वाले
नक्षत्र-शिशुओं को चुप न कर सकने पर,
घूँटों-भर अमृत पीकर
पहलवान बने तीन करोड़ पियक्कड़ों के
एक साथ अपने पर टूटकर
रही-सही कलाओं को छीन लेने पर,
सह न सक,
दिन प्रतिदिन नोचने के लिए आने वाले
लोहे की चोंच वाले राकेटों के शोरगुल को
न सुन सक—कुछ कह न सक;
बेचारा चाँद कुँए में जा गिरा।
क्षण भर आत्महत्या करने तैयार हुआ।

(अनु : डॉ भीमसेन 'निर्मल')

मंटलू : मानवुडू

पट्ट पगलु
निट्ट निलुवुना
प्रज्वलिंचे मंटलु।
उक्कु कट्टडालनुंचि
सिमेंटु शिखराल नुंचि
खिल्लालं नुंचि
'विल्ला' लनुंचि
पगलबडि नव्वुतुन्न
फण सहस्रं विप्पुतुन्न
पच्चि मंटलु
पच्चनि मंटलु।

पालकवर्गं बेदिरितुन्नदि
कालुगालिन पिल्लिला तिरुगुतुन्नदि
टेलिफोन्लु विलपिस्तुन्नायि
फाइरिंजन्लु गावुकेक पेडुतू
परुगु तीस्तुन्नायि
तोकलु रिक्किंचि घींकरिस्तुन्नायि
तोंडालतो नीळ्ळु पुक्किलिस्तुन्नायि।

मंटलु चल्लारडंलेदु।
मस्तकाल्लो मस्तिष्काल्लो
कळ्ळल्लो काळ्ळल्लो
कट्टुकुन्न अंतस्तुल्लो
चुट्टुकुन्न दुस्तुल्लो
वेर्रि मंटलु
एर्रनि मंटलु
एंतकू चल्लारडंलेदु
एवरिकेमी अंतुपट्टडंलेदु।

आग और आदमी

दो पहर
खड़ी सरासर!
ज्वलित आग।
फ़ौलादी इमारतों से
सीमेंट के शिखरों से
क़िलों से,
विल्लाओं से
विकट अट्टहास करती हुई,
सहस्रफण खोलती
लपलप लपटें,
विकट आग!!

अधिकारी आँख खोल रहे हैं।
अपना-सा मुँह लिये जा रहे हैं।
टेलीफ़ोन हैं—चीखते-रो पड़ते,
फैरिंजन हैं—चीत्कार करते।
भगदड़
भोंपू भोंकार करते,
जल फूँकार करते!

आग बुझती नहीं—
मस्तकों में, मस्तिष्कों में
आँखों में, पाँवों में
निर्मित अट्टालिकाओं में,
लपेटी वस्त्रावली में,
है पागल आग!!
लाल लपटें!!
बिलकुल बुझती नहीं,
किसी को कुछ सूझती नहीं,

బుర్లా బీళ్ళుదున్నె చేతివేళ్ళు
భూమి వీపుగోకే కాలివేళ్ళు
క్షణాలను పేనవేసిన నిట్టూర్పులు
నిమిషాలను తగలేసిన సిగరెట్టులు
పాతాళ గుహలో చేరుకున్నై
పరస్పరం సంప్రతించుకున్నై।
గదినిండా ఆవులించింది పొగ।
అదాటున జూలు దులిపింది దగా।

''మంటలార్పడానికి ఒకే ఒక్క మందు
విద్యుత్ప్రసారం ఏకాఏకి బందు''।
మంత్రాంగం విజృంభించింది
యంత్రాంగం స్తంభించింది
ఇళ్ళూ వాకిళ్ళూ చల్లబడ్డాయి
కళ్ళూ కాళ్ళూ చతికిలబడ్డాయి।

సత్తువ గుడ్లు తేలవేసింది
నెత్తురు ప్రవహించడం మానేసింది
నగరాల నోటినిండా నురుగులు
నాగరికత ఒంటినిండా చెమటలు।
వేడి చల్లబడింది
నాడి చప్పబడింది
వేగం చచ్చిపోయింది
వెలుగు రిచ్చవోయింది
మంటలు కుప్పకూలినై
గుప్పున చల్లారినై
మంటలు చల్లారినై గాని
మనిషి చల్లారలేదు।
మార్తాండ బింబంవంటి
మహోద్యమంవంటి
మనీషి మనస్వి మనిషి చల్లారలేదు।
మార్కండేయుని లాంటి
మారుతి నాంటి

ऊसर-सर खुजलाने वाली उँगलियाँ,
पृष्ठ धरा के कुरेदने वाली पैर की उंगलियाँ,
क्षणों को लपेट लेने वाली आहें,
मिनटों को जलाने वाली सिगरेटें,
पाताल-गुफा में प्रविष्ट हुईं
परस्पर कुछ समझौता कर।
कमरे भर में जम्भाई ली धुएँ ने
अयाल हिला उठ खड़ी हुई वंचना!

आग बुझाने की दवा है एक मात्र,
विद्युत् प्रसार बन्द हुआ हठात्।
बात बतंगड बन गयी।
यंत्रों की आँखें पड़ गयीं पीली
घर-आँगन हो गये सूने।
हाथ-पैर पड़ गये ठण्डे।
ताकत ने मानी हार,
बन्द हुआ रक्त प्रसार।
नगरों के मुख पर है फेन,
नागरिकता की देहभर स्वेद
गर्मी ठंडी हुई।
नाडी मंद पड़ गयी।
गति गयी रुक
कांति हुई अवाक्
लपटें हुईं ढेर।
एकदम गयीं बुझ।
आग बुझ गयी, पर
आदमी गया नहीं बुझ।
प्रचंड मार्तंडबिम्ब जैसा,
प्रबल आंदोलन जैसा,
मनीषी मनस्वी मानुष बुझा नहीं।
मार्कंडेय जैसा,
मारुति जैसा,

महोज्वल भावि चिंरजीवि
मानवुडु चल्लारलेडु।

('मंटलू मानवुडू'से)

महोज्ज्वल भावी चिंरजीव
मानव बुझ नहीं सकता।

(अनु.: डॉ. रामुलु और डॉ. रेगुलपाटि)

इद्दरू ओकटे

इद्दरू तूलुतुन्नारु
ओकडु रह दारिलो
ओकडु कारुलो।
आड्डुंगा पांडचकोस्तुन्न
जनं दृष्टिलो ओकडु।
अद्दंलो गमनिस्तुन्न
ड्रैवर् दृष्टिलो ओकडु।
इद्दरू तूलुतुन्नारु।

आ ओकडु

पगलंता मरलो मरयै
गर्द्दलकंटुकुन्न तोलुबोम्मला
गर्द्दिपुल गालालकु एॅरयै
आनंदमने अलौकिक पदार्थं करुवै
सायंकालं
अन्युल सायं अक्खरलेनि कालं
संजकेंजायल नुरुगुपिजलु
सारा ग्लासुलो चबुकरिंचे
सारवतंमैन कालं
ओक रेंडु गंटलु ओळळु कप्पकुनि
मुकुळिंचुकु पोयिन कीळळु विप्पुकुनि
वामनत्वान्नि त्यजिंचि त्रिविक्रमत्वन्नि भजिंचि
मुल्लोकालू आक्रमिंचि नालुगो लोकं अन्वेषिंचि
नडिवीथिलो देहान्नि दिंचि
तडबडुतू
गडप तडुतू
गदिलोकि आत्मनु पंपिंचि
आवुलिंचे इल्लालिलो अमांतंगा

दोनों हैं एक समान

दोनों झूम रहे हैं
एक सड़क पर तो दूसरा कार में,
बहती हुई आती भीड़ की दृष्टि में एक,
दर्पण में निहारने वाले ड्रायवर की दृष्टि में दूसरा,
झूम रहे हैं दोनों ही।

वह एक—
दिन भर यंत्र में पुरज़ा बनकर,
गद्दियों से चिपके
चाम के पुतलों की
डाँट-फटकार का शिकार बन,
आनंद रूपी अलौकिक पदार्थ के अभाव में
शाम के समय
जबकि
किसी दूसरे की सहायता की
आवश्यकता नहीं पड़ती,
शाम के लाल-लाल झाग की
शराब की बोतल में उमड़ता समय—
सारयुक्त समय से
एक-दो घंटे
शरीर ढाँप कर, सिकुड़े जोड़ों को खोलकर,
बौनेपन को छोड़कर, त्रिविक्रमत्व प्राप्त कर,
तीन लोकों में फैलकर, चौथा लोक खोजकर,
सरे बाज़ार,
शरीर को उतारकर,
लड़खड़ाते-लड़खड़ातें,
किवाड़ खटखटाते,
कमरे में आत्मा को भेजकर,
अँगड़ाई लेती हुई घरवाली में

ऐक्यमय्ये अमरजीवि आ ओकडु।

आ मरोकडु

टेन्टू फोर उद्योंगं चलायिचि
गंटगंटकू आयुस्सुनु
हविस्सुला समर्पिंचि
यज्ञकुंडं वेलगडंलेदने
अध्वर्यु-शिरोमणुल हुंकारान्नि ?
ओंकारंला स्वीकारिंचि
दगापोगलो कळळु वाचि
अगोचरस्थितिलो काळळु साचि
कासेपु बोनुलोनि सिंहंला
कादुकादु–एँजीयं एँब्लंला
गर्पेडु नोरु कसिगा तेरिचि
कडकु कुर्ची चेतुलु करिचि
मापटि वेळ कागाने
महाभिनिष्क्रमणं चेसि
सहनमने बोधिवृक्षंकिद विडिसि
सम्यक् ज्ञान-सुधा धारल्लो तडिसि
कारुलो चेरगिलबडि
कारिडोर्लो बोर्लबडि
तीरिग्गा दुम्मु दुलुपुकुनि
एर्-कंडिषन् गदिलोनि
एकांतकांत रग्गु ऑडिलो
एकमय्ये प्रबुद्धुडु आ मरोकडु
एँत तेडा अंतस्तुल्लो उन्ना
इद्दरू ऑकटे।
उल्ली-मल्ली वासनलु भिन्नंगा उन्ना
उन्न नेल ओकटे।

('मंटलू मानवुडू' से)

झट
तादात्म्य प्राप्त करने वाला
अमर जीव है वह।

वह दूसरा –
टेन टू फ़ोर अधिकार चलाकर,
पल पल आयु का
हविस् के समान अर्पण कर,
यज्ञकुंड के न जलने पर
अध्वर्यु-शिरोमणि की फटकार को
ओंकार की नाईं स्वीकार कर,
धोखे के धुँए में आँखों के सूजने पर
अगोचर दशा में पैर फैलाकर
थोड़ी देर पिंजरे में बंद सिंह की भाँति
नहीं नहीं–एम जी एम के प्रतीक-सा
दहाड़ते विशाल खुले मुँह को
क्रोध से खोलकर
अंत में कुर्सी की भुजाओं से चिपककर
शाम होते ही
महाभिनिष्क्रमण कर
सहनरूपी बोधिवृक्ष के तले आराम कर,
सम्यक्-ज्ञान की सुधा-धाराओं में भीगकर,
कार में लेटकर,
कारिडार में लुढ़ककर,
फुरसत से धूल झाड़कर
एयरकंडीशन्ड कमरे में
एकांत रूपी कांता के ब्लैंकेट की गोद में
तादात्म्य प्राप्त करने वाला है वह।
सामाजिक स्तर में अंतर कितना भी क्यों न हो
दोनों एक हैं!
प्याज और जूही की गंध में अंतर कितना भी क्यों न हो
उनकी धरती एक ही है!!
(अनु : डॉ. भीमसेन 'निर्मल')

चीकटि चदुवु

चिरंजीवि चीकटि चदुवुकुंटुन्नदि
चिट्टडवि बडिलो।
अदि दिद्दुकुन्न तोलि अक्षरं
अकारं कादु
क्षकारं।
क्षरं, क्षारं, क्षौरं
अदि नेर्चिन पदभंडारं।
वक्रालू वक्रतमालू
दानिकि अत्यंत प्रियतमालु।

ओष्ठ्यालंटे ओंकिलिस्तुंदि।
दंत्यालंटे गुटकलेस्तुंदि।
सरळालंटे पदवि विरुस्तुंदि
परुषालंटे जब्ब चरुस्तुंदि।

अदि नेर्चिन आदि पाठं
अविवेकं।
अंतिमपाठं
अराजकं।
दानि व्याकरणं
अज्ञान करणं।
दानि छंदस्सु
अंध तमस्सु।
चदिवि चदिवि गोंतारिते
अदि तागे पानीयं
कल्ती लेनि काकोलं।
बडिलो तनतोपाटु चदिवे
बुड्त चीकट्लकु
अदि पंचे पुट्नालु

अन्धेरे की पढ़ाई

मुन्ना अन्धेरा पढ़ रहा है,
महारण्य चटसार में
उसने सीखा—जो पहला अक्षर
अकार नहीं—
वह है क्षकार।
उसने सीखा—जो शब्द भण्डार
क्षर, क्षार औ' क्षौर।
उसके अत्यंत प्रियतम हैं
वक्र एवं वक्रतम।

ओष्ठ्य कहें तो उगल देता,
दंत्य कहें तो लार टपकाता,
सरल कहें तो अधर फड़काता,
परुष कहें तो भुजा फड़काता।

उसने सीखा जो पहला पाठ
अविवेक है।
उसने सीखा—जो अंतिम पाठ
अराजकता है।
उनसे सीखा जो व्याकरण
अज्ञानकरण है।
उसका छन्द-बन्ध
अन्ध तमस है।
पढ़-पढ़ गला सूखता जब
तो वह पीता है
असली गरल।

चटसार में अपने साथी
छोकरे अन्धेरों को
बाँटता है वह

असहन द्वेषालु।

चदुवुकुन्न चिरंजीवि चीकटि
अधिकारंलोकि वस्ते
गुड्लगूबले वैताळिकुलु
गुंटनक्कले आस्थान कवुलु।
हत्याले प्रभातकृत्यालु
अनृताले अपूर्व सत्यालु।

(**'मंटलू मानवुडू'** से)

असहन औ द्वेष के मुरमुरे।

पढ़ा-लिखा प्यारा अन्धेरा
यदि प्राप्त करेगा अधिकार,
उल्लू ही बनेंगे वैतालिक,
सियार ही बनेंगे राजकवि,
हत्याएँ ही होंगे प्रभात कृत्य
अनृत ही हो जाएँगे अपूर्व सत्य।

(अनु. : डॉ. रामुलु और डॉ. रेगुलपाटि)

कोत्तमुखं तोडुक्को

पातमुखं चूसि चूसि
रोतपुट्टिटंदि लोकानिकि।
मुखं मोत्तिंदि अद्दानिकि।
लाभं लेदु
तिप्पि तोडिगिना तोमिकडिगिना
गुप्पेडु गुप्पेडु पौडरु पुलिमिना
गोरंत लाभं लेदु।
पातमुखान्नि लांड्रीलो पारेसि
काकुंटे म्यूजियंलो दाचेसि
कोत्तमुखं तोडुक्को।

शून्यान्नि चील्चुकुनि
सूर्युण्णि पोल्चुकोनि
क्षणकालं निलवलेनि
चच्चु चूपुलतो–
पलकरिंचे गुंडेल्लो
तोलकरिजल्लुला कुरिसि
पच्चदनं पंडिंचलोनि
पुच्चुनव्वुलतो
ईडिगिल्लिन मुखान्नि
ऍन्नाळ्ळनि मोस्तावु?
ऍदगलेनि जीवितान्नि
ऍन्नाळ्ळनि धरिस्तावु?
अंदुके नातंड्री!
अतिकिंचुको कोत्तमुखं!

नुव्वु तोडुक्कुने कोत्तमुखंलो
रव्वल्लोंटि
निप्पुरव्वल्लांटि

पहन लो नया मुखौटा

पुराना मुखौटा देख देख
उपजी घिन जग में
जगा विकार आइने में
कोई लाभ नहीं है।
पलट-पलट कर पहनो,
मलमल कर धो डालो,
मुट्ठियों पाउडर रगड़ो
रत्ती भर लाभ नहीं है।
पुराने मुखौटे को लाँड्री में फेंको
नहीं तो—म्यूज़ियम् में छिपा रखो
पहन लो नया मुखौटा।

शून्य को चीरकर,
सूर्य से तौलकर,
पल भर कहीं टिक न सकने वाले
क्षीण दृगों को—

कोमल मन में
छींटे बरसाकर,
हरियाली जो फैला न सके
सूखी मुस्कानों से
झुलसे मुखौटे को
ढोते रहोगे कब तक?
प्रगति हीन जीवन को
सहोगे कितने दिन?
सो प्यारे मेरे!
जोड़ लो नया मुखौटा।

तुम पहनोगे जिस नये मुखौटे को
(उसमें) हीरे सी, चिनगारी सी

नव्वुलुटायि।
अवि
सत्यभाम मुक्कु पोगुलो
नित्यनूतनंगा मेरुस्तायि
नरकप्रवृत्ति पै तिरगबडि
चेरचेरा दहिंचिवेस्तायि।

नुव्वु तोडुक्कुने कोत्तमुखंलो
किरणाल्लांटि
कोरडाल्लांटि
चुरुकु चूपुलुंटायि।
अवि
दुरहंकाराल चीकट्लनु
तरिमि कोडतायि
चिय्यपट्टिन मात्सर्यालनु
चिट्लगोडतायि।
आ मुखं वेनकाल उंडे
आलोचनलु
कलिती एॅरुगनि
कलतल्लेनि
सलयेळ्ळला दूकुतायि
शक्तिकि विद्युच्छक्तिनि
संधिस्तायि
चैतन्यानिकि सौजन्यान्नि
संघटिस्तायि
अंदुके प्रतिपादिस्तुन्नानु
पातमुखान्नि बहिष्करिंचि
कोत्तमुखान्नि आविष्करिंचालनि।

(**'मंटलू-मानवुडू' से**)

मुस्कान होगी।
वह—
सत्या[1] की नथनी में
नित्यनव चमकेगी।
नरक-प्रवृत्ति पर चढ़ाई कर
चटपट जला देगी।

तुम पहनोगे जिस नये मुखौटे को
किरणों सी
कोड़ों सी
तीखी नज़रें होंगी।
वे—
अहंकारी अँधेरों को
दूर भगाएँगी।
मदमस्त मात्सर्यों को
मार भगाएँगी।
उस मुखौटे से छूटे विचार
मिलावट रहित
व्यथा-रहित झरने जैसे होंगे।
शक्ति का विद्युत् से
संधान करेंगे।

चैतन्य को सौजन्य से
संगठित करेंगे।
इसलिए प्रस्ताव रखता हूँ।
पुराने मुखौटे का कर बहिष्कार
नये मुखौटे का करो आविष्कार।

(अनु : डॉ. रामुलु और डॉ. रेगुलपाटि)

---

1 श्रीकृष्ण की पत्नी

ऍंदुरु तिरिगिन उदयं

रक्तं मसिलिते आगदु
रात्रिंचरुलनु काल्चेस्तुंदि।
ऊपिरि विसिगिते आगदु
उर्विने ऊदेस्तुंदि।

धर्मानिकि काळ्ळु लेवनि
न्यायानिकि कंळ्ळु लेवनि
दगा चेद्दामनुकुंटे
धरित्रि विक्रमिस्तुंदि।

सहनान्नि जडत अनुकुनि
मौनान्नि मगत अनुकुनि
ज्वालागिरितो चेरलाडिते
चावुदेब्ब तीस्तुंदि।

मसिपूसि मारेडुकाय चेसि
मुसलि चीकटिकि पसिमिरंगु वेसि
इदे उदयमनि टमुकु वेस्ते
इनबिंबं ऍंदुरु तिरुगुतुंदि।

तीरा तूर्पु मेल्कोन्न तर्वात
तेलिवेलुगु रगुल्कोन्न तर्वात
गिलगिललाडिना लाभं लेदु
कलुगुल्लो दूरिना लाभं लेदु।

रानुन्न प्रभातं राक तप्पदु
रक्ति-शुक्ति सत्य-मौक्तिकान्नि
प्रसविंचक तप्पदु; नवधर्मं
प्रभविंचक तप्पदु।

('मटलु-मानवुडू' से)

बगावती प्रभात

खून उबल पड़ता तो नहीं रुकता
निशाचरों को खाक कर देता!
सांस खीझ उठती तो नहीं रुकती
पृथ्वी को ही उड़ा देती!

सोचते हो तुम यदि
नीति के पैर नहीं,
न्याय की आँखें नहीं,
धोखा देना चाहते तो
धरती झपट पड़ेगी!

सहिष्णुता को जड़ता समझकर,
मौन को तंद्रा मानकर
ज्वाला-गिरि से जूझोगे तो
तुम्हारा अंत कर देगा फिर!

सात को पाँच बना कर,
बूढ़ी अँधेरी को जवानी का रंग पोत कर,
मुनादी पीटते हो—'यही सूर्योदय है'
तो सूर्यबिब बग़ावत कर देगा!

पूरब के जाग जाने पर,
नव प्रथा के प्रज्वलित होने पर,
छटपटाने से फ़ायदा नहीं,
बिलों में घुसने से भी रक्षा नहीं!
अगला प्रभात आएगा ही,
रक्ति-शुक्ति सत्य-मौक्तिक को
जन्म देगा ही, नवीन न्याय
अवतरित होगा ही!

(अनु : डॉ. अन्नपुरेड्डी और डॉ. श्रीराम रेड्डी)

जोर्डद्दुल कुम्मुलाट

जोर्डद्दुलु कुम्मुकुंटुन्नवि
काडि विरिगेटट्टु
बंडि औरिगेट्टटु
बंडिलोनि धान्यं-बस्तालु
बजारुलो चैरिगेटट्टु।

आसामि मॉत्तुकुंटुन्नाडु
अदमायिंचि चूस्तुन्नाडु
पंट इंटिकि चेरेदाका
पदिलंगा पॉम्मनि
काळ्ळू कडुपुलू पट्टुकुन्नाडु
तोकलू मूपुलू निमुरुतुन्नाडु।

मॉडिकेसिनै जोर्डद्दुलु
मंड्टेण्डलो पिडिगुद्दुलु।
शपथालू सीत्कारालू
दुरहंकार फूत्कारालू
आसामिमाट ससेमी
आलकिंचेट्टु लेवु।
ऍक्कु पॉट्टिन कॉम्मुल्नि
ऍन्तकू दिंचेटट्टु लेवु।
डीडी डीडी डीडी
मंदलिंचे नाथुडेडी?
ऐना बॉत्तिगा कॉत्तकादु
ई कुम्मुलाट।
ऑक्क रोजुन ऊडिपडलेदु
ई कीचुलाट।
तरतरालुगा वुंदि
नरनराल्लो जीर्णिचिंदि

दो बैलों की मुठभेड़

दो बैल आपस में टकरा रहे हैं।
जुआ टूटा जा रहा है;
गाड़ी गिरी जा रही है—
धान के बोरे—
बाज़ार में फैल रहे हैं।

यजमान छाती पीट रहा है।
भय दिखा हाँक रहा है।
फसल घर पहुँचे,ऐसा
जागरूक हो चलने को
हाथ-पैर पड़ रहा है।
पूँछ और पीठ सहला रहा है।

दो बैल ज़िद पर अड़े,
कड़ी धूप में धँसे।
शपथ औ' चीत्कार,
अहंकार के फूत्कार।
यजमान की बातें,
वे नहीं हैं सुनते।
खड़े सींगों को कभी
नीचे नहीं करते।
डीडी डीडी डीडी।
भय दिखा समझानेवाला
कोई नाथ है?
फिर भी, कोई नई बात नहीं
यह टकराव!!
पीढ़ी-दर-पीढ़ी है
रग-रग में व्याप्त है।

पुरेंतो पुट्टिंदि
पुडकलतोगानि पोंदि।

रंकलहोरु श्रुतिमिंचिंदि
लंक पुटुक्कुन लौंगिपोयिंदि
मेंडलमीद मिगिलिंदि विरिगिन काडि
नडिबजारुलो ओरिगिंदि धान्यं बंडि।

(**'मंटलू-मानवुडू' से**)

जन्मजात है यह
मरण तक निस्तार नहीं इससे
रर्राने का ज़ोर बढ़ा
पगहा अचानक टूट गया।

टूटा जुआ बचा रहा गर्दन पर।
सरे-बाज़ार
तिरछी होकर गिरी गाड़ी।

(अनु. : डॉ. रामुलु और डॉ. रेगुलपाटि)

इंकिपोयिन बावि!

इंकिपोयिन बावी!
इंक नीकु गुड-बै।
इंतकालं नीविच्चिन ऊटलकु
ऍल्लकालं कृतज्ञुलं।

ऍप्पुडो ई इंटि चरित्र रासिनप्पुडु
तप्पक नीको पुट केटायिस्तामु
अम्मम्म तद्दिनंतोपाटु
अवश्यं निन्नु त लुस्तामु।
अंतेकानि निन्नु नम्मुकुनि
आत्मवंचन चेसुकोलेमु।
चेपनि चन्नुवदुलुकोलेनि
शिशुवुलमा? कामु कामु।
पोंद्दंता काचुकु कूचुन्ना
बोंक्कॅन नीळळैना पुट्टवे!
इंका लोतु तव्विद्दामंटे
इच्चुकुन्न कूलिडब्बुलु गिट्टवे!

पट्टिनन्नि कौळायीलु
नट्टिंटिलो पुट्टुकोंस्तुन्नायि
एटि इसुकलोनि नीटि चेंलमलु
इंटि चुट्टू जलधरिस्तुन्नायि
मध्य-मध्य जलसूत्रं तोंगिपोयिना
मरुसटिपूट अतुक्कुंटू उंटुदि
प्रभुत्वान्नि कडिगेद्दामनुकुंटे
पापनाशनंला वेंल्लिविरुस्तुंटुंदि।

सूखा कुआँ

सूखा कुआँ!
तुझे गुड बॉइ
आज तक के तेरे सहारे के लिए
रहेंगे सदा कृतज्ञ हम!

लिखेंगे इतिहास इस घर का कभी,
रखेंगे एक पृष्ठ तेरे लिए तभी।
दादी की बरसी के साथ
करेंगे तेरा स्मरण अवश्य
इतना ही बस!–
पर तुझ पर भरोसा रख
करेंगे क्या हम आत्मघात?
शुष्क स्तन को छोड़े न
ऐसे शिशु तो नहीं हम?
सबेरे से शाम तक बैठें–तो भी,
तू न दे सकता एक बाल्टी पानी।
गहरा और खुदवाना चाहें–तो
मजदूरी की पड़तल नहीं।

अनेकानेक नल
घर घर पैदा हुए
सरिता की रेती के जलकुण्ड हैं,
घर के आस-पास जलपूरित।
बीच-बीच में कट जाता यदि जलसूत्र
दूसरे पहर तक वह जुड़ जाता।
सरकार को कभी गाली देना चाहें–
'पापनाशनम्'[1] जैसा वह फैल जाता।

---

1. आन्ध्र प्रदेश में तिरुपति के समीप पहाड़ियों में एक प्राकृतिक जलधारा है जो 'पापनाशनम्' नाम से प्रसिद्ध है।

इंत धाराळंगा वर्तमानं
ईंटिनिंडा नर्तिस्तू वुंटे
इंत हेराळंगा जलध्वानं
ऍंदनिंडा ध्वनिस्तूवुंटे
ऍंलानिन्नु नम्मुकोनु पातबावी!
कालनीरधिलो गुड्लु तेलवेसिन दीवी!
जललूरुतुन्न नेटि एटिपायलो
तिलकिंचनी समुज्वल भावि।

('**मंटलू-मानवुडू**' से)

वर्तमान ऐसा पुष्कल हो
नर्तन करता घर घर में,
पुष्कल जलधारा ऐसी
ध्वनित है हृदय के अंतराल में।
तुझ पर भरोसा कैसे रखूँ
सूखा कुआँ!
काल-जलधि में सूखी आँखों का
है तू रीता कुआँ।
जल भरते हुए, आज की सरिता में
उज्ज्वल भविष्य के दर्शन करने दो हमें।

(अनु : डॉ. रामुलु और डॉ. रेगुलपाटि)

ना देशं कनिर्पिंचिदि

''ना देशं पावन गंग
ना देशं करुणांतरंग
ना देशं भगवद्‌गीत
ना देशं अग्नि पुनीत सीत।

ना देशं
वाल्मीकि काव्य-वल्लरि
कालिदास कविता-मंजरि
तानसेन गान-झरि
त्यागराज कृति-लहरि।'
वेदं पुट्टिन नेल
वेदांतं पुट्टिन नेल
गौतमुडु पुट्टिन नेल
गाँधी पुट्टिन नेल

सुजल, सुफल, सश्यश्यामल
सुन्दर हिमगिरींद्र मकुटोज्वल
इदि ना देशं, इदि ना देशं
इदे इदे ना देशं।''

ऍवरो उपन्यसिस्तुन्नारु
ऍद चरचि अरुस्तुन्नारु
बसवन्नलु ऊ कोडुतुन्नारु
पसिवाळ्ळु जे कोडुतुन्नारु
गलं श्रुति मिंचिंदि
गालि स्तंभिंचिंदि
ऊपिराडडं लेदु नाकु
उक्क बोस्तुंदि नाकु

मेरा देश दिखायी दिया

"देश मेरा पावन गंगा है
देश मेरा करुणा का स्वरूप है।
देश मेरा है भगवद् गीता
देश मेरा है अग्नि पुनीता सीता।

मेरा देश
वाल्मीकि काव्य-वल्लरी है
कालिदास की कविता-मंजरी है।
तानसेन की गान-झरी है
त्यागराज की स्वर-लहरी है।

वेदों की जन्मभूमि है
वेदान्त की मातृभूमि है।
गौतम की पावन-भूमि है
गाँधी की कर्मभूमि है।

सुजला, सुफला, शस्यश्यामला है
सुन्दर हिम-किरीट से मुकुटोज्वला है।
यह मेरा देश है, यह मेरा देश है
यही यही मेरा अपना देश है।"

व्याख्यान देने में कोई व्यस्त है,
छाती पीटता कोई पुकार रहा है।
"बैल राजा" हाँ में हाँ मिला रहे हैं,
शिशुगण जय जयकार कर रहे हैं।

जय जयकार बढ़ता गया
पवन स्तंभित हो गया
दम घुटने लगा
पसीना छूटने लगा

अम्मा! बाबू!
अय्या! अप्पा!
एदि ना देशं? ऍक्कडुंदि ना देशं?
चैप्पंडम्मा! चेप्पंडय्या!
एदि ना देशं?
एक्कडुंदि ना देशं?

ऍवरु चॅप्परु
ऍत्तिन चूपु ना वैपु तिप्परु
मैकुने चूस्त्तुन्नारु
महोपन्यासं विंटुन्नारु

नाकेमो तल तिरिगि पोतुन्नदि
ना देशान्नि चूडालने
तह तह पॅरिगि पोतुन्नदि
ओपिक चच्चि पोयिंदि
उत्कंठ रॅच्चि पोयिंदि
तटटुकोलेक दौडु तीशानु
तारु रोड्ल मीदिकि
पूरि गुडिसल्लोकि
गुल्लील्लोकि विल्लाल्लोकि
ऑळ्ळु मुडतल पड्डु खिल्लाल्लोकि
अप्पुडु नाकु कनिपिंचिंदि
छप्यन्न राज्यालनु प्रसविंचिन देशं
शीताद्रि मॉदलु कॉनि सेतुवु वरकु
श्रीलु पोंगिचिन देशं
उपनिषत्तुलु बोधिंचिन देशं
उपवासालु साधिंचिन देशं
अवतारालेत्तिन देशं
अहिंसा-शंख मॅतिन देशं

हे भाई! हे भाई
अजी! सुनो जी!

देश मेरा कौन है?
कहाँ है देश मेरा?
कहो भाई! कहो भाई!
देश मेरा कौन है?
कहाँ है देश मेरा?

कोई बताता नहीं
आँख उठा मेरी ओर देखता नहीं
देख रहे हैं, माइक की ओर ही
सुनने में लीन हैं व्याख्यान ही।

मेरा तो सिर चकराता जा रहा है
मेरी देश को देखने की
आकांक्षा बढ़ती ही जा रही है।
सहनशीलता समाप्त हो गयी
उत्कण्ठा बढ़ती चली गयी
रुक न सका
दौड़ लगाने लगा
कोलतार की सड़कों पर
जीर्णशीर्ण कुटियों में
गलियों में, बाज़ारों में
शिथिल बने दुर्गों में
तब मुझे दिखायी दिया
छप्पन राज्यों का जन्मदाता यह देश।
हिमालय से ले कन्याकुमारी तक
लक्ष्मी का नर्तित यह देश
उपनिषदों का यह देश
उपवासों से विजयी यह देश
अवतार पुरुषों का यह देश
अहिंसा शंखरव करने वाला यह देश

हुरे! कनि पिंचिदि
बापुरे, कनिपिंचिदि
ना देशं कनिपिंचिद
ऍक्कड? ऍक्कंड?

मंडि पोतुन्न गंगा नदि लो
रैंडुगा चीलुतुन्न कावेरि लो
मोडु पट्टु बोधिवृक्षं लो
ना देशं कनिपिंचिंदि।

जोडेट्टुल कुम्मुलाट लो
तोबुट्टुवुल दोम्मी आटलो
सरिहद्दुल्नु तेंच्चुकुन्न बेंडदलो
सहभाषळ्ळु चिम्मुकुन्न बुरदलो
ना देशं कनिपिंचिदि।

नडि रोड्डु मीद जरिगे राक्षस केळिलो
नर रक्तं तो आडुकुने हेलिलो
सोडा बुड्लला विसुरुकुने
नाटुबांबुल नर्तनशाललो
कुळळु चितिकिन न्यायं लो
काळळु तेंगिन धर्मं लो
बाकुल लो, वर्दीललो
वेदिकल पै विरिगिन कुर्चील लो
चिरिगिन लाल्चीललो
ना देशं कनिपिंचिंदि।

इंका इंका ना देश
ऍक्कडॆक्कड कनिपिंचिंदि?
नोट्ल कट्टल मध्य नलिगे
ओट्ल जन्म हक्कुललो
पदवुल तारा जुव्वल वेंलिगिंचे
पच्च कागिताल म्याजिक्कुललो

हाँ रे! दिखायी दिया
बाप रे! दिखायी दिया
मेरा देश मुझे दिखायी दिया
कहाँ? कहाँ?

प्रज्वलित गंगा नदी में
दो धाराओं में बँटती कावेरी में
ठूँठ बने बोधिवृक्ष में
व्रण पूर्ण भूदेवी के वक्ष में
मेरा देश मुझे दिखायी दिया।
दो बैलों की धक्का-धक्की में
सहोदरों की द्यूत-क्रीड़ा में
सरहदों के वृक्ष-संघर्ष में
भाषाओं के कीचड़ के फव्वारे में
मेरा देश मुझे दिखायी दिया।

बीच सड़क की राक्षस-क्रीड़ा में
नर-रक्त से खेलने वाली होली में
सोडा की बोतलों के समान फेंके गये
हथगोलों की नर्तनशाला में
न्याय की फूटी आँख में
पाँव-विहीन धर्म में
कटारों में, भालों में
वेदी पर टूटी कुर्सियों में
फटे कुरते में
मेरा देश मुझे दिखाई दिया।

और, और मेरा देश
कहाँ, कहाँ दिखाई दिया?
नोटों के पुलिंदों में दबोचे गये
वोटों के जन्मजात अधिकारों में,
उच्च पदों की उज्ज्वल फुलझड़ियों के
हरे काग़ज़ों के जादू में,

नीति नाति कट्टुकुन्न
विलुवल वलुवल नूड्चिवेसे
अपर दुश्शासनुल आटविक कृत्याललो
सीरियल् रात्रुल चित्रालु
आर वेसिन सुम कोमल गात्राल
अवलग्न नग्न दृश्याल लो
ना देशं कनिपिंचिंदि।

इंका इंका ना देशं
ऍक्कडॆक्कड कनिपिंचिदि?
आंबोतुल डक्कल तोंक्किडिलो
आवुरने लेग दूडललो

हॆच्चरिल्ले धरल दूकुडुतो
बिक्कुबिक्कुमने मूग वाडललो
फैळळ समुद्राललो मुनिगि मुनिगि
पस्तुल मुत्यालु एरितेच्चुकुन्न
परमयोगुल अरिगिन नोंसळळ लो
डिग्रील मूट मूपुन कट्टुकुनि

आफीसुल चुट्टू चांद्रायणं चेसे
निरुद्योगुल निट्टूर्पु नसळळूलो
सजलनयनाललो
विफल मनोरथाललो
वीपुल कंटुकुन्न डोंक्कल्लो
विरिगि पोयिन पसि रेंक्कललो
ना देशं कनिपिंचिंदि।

बाबू! इदा ना देशं?
बापू! इदा ना देशं?
कादु कादु
ना देशं—
श्रम जीवुल चेमट बिंदुवुलनु

नीति-नारी के धारण किये
मूल्यों के वसनों को उखाड़ फेंकने वाले
दुष्ट दुश्शासनों के पाशविक कृत्यों में,
धारावाहिक रंगीन रातों के चलचित्रों के
सुन्दर सुमन-से कोमल शरीर के
कामुक नग्न दृश्यों में,
मेरा देश मुझे दिखायी दिया।

और, और मेरा देश
कहाँ, कहाँ दिखाई दिया?
साँडों के भयंकर क़दमों के तले
हाहाकार करने वाले नादान बछड़ों में,
दौड़ लगाती क़ीमतों से
धू-धू करती मूक गलियों में,
'फायलों' के सागर में डूब-डूब
भूख के मोतियों को चुन लाने वाले
परमयोगियों के घिसे मस्तकों में,
सनदों की गठरी पीठ पर बाँध
दफ़्तरों का चक्कर काटने वाले
बेरोज़गारों की आहों की उष्णता में।

सजल नयनों में,
विफल मनोरथों में,
पीठ से चिपके उदरों में,
शिशु के टूटे हुए हाथों में,
मेरा देश मुझे दिखायी दिया।

भैया! यही मेरा देश है?
बापू! यही मेरा देश है?
नहीं, नहीं
मेरा देश है–
श्रमिक जन के पसीने को

जाति रत्नालुगा तलचेदि
मंचिकि निलबड्डु मनिषिनि

महर्षि गा कौलिचेदि
विश्वपटंलो युग युगालकू
वैंडि कौंडला निलिचेदि
पौरलु कम्मनि विज्ञानं
अरविंदं ला विरसेदि
अदी ना देशं
अदे ना देशं।

(**'मुखामुखि'** से)

श्रेष्ठ रत्नों-सा मानने वाला,
भलाई के हित कमर कसे आदमी को

महर्षि-सा मानने वाला,
विश्व मानचित्र में युगों-युगों तक
रजत नग-सा स्थिर रहने वाला,
अमल विमल विज्ञान से
अरविन्द-सा विकसित होने वाला,

वह है मेरा देश
वही है मेरा देश!

(अनु. : डॉ. एम. रंगय्या)

कालं पिलुस्तुन्नदि

कालं केलेत्ति पिलुस्तुन्नदि।
कंकाळं लेचि नडुस्तुन्नदि।
पोंगचूरिन ब्रतुकुलतो पोंगिलिन नर जाति धरा–
गगनालकु वंतेन कडुतुन्नदि।

समरालकु समाधि अवुतुन्नदि।
शांतिकि परिणयं जरुगुतुन्नदि।
विष-दंष्ट्रा विमुक्तमै विश्वंभर कार्तीकपु
वेन्नेल्लो जलकमाडुतुन्नदि।

वेनक चूपु प्रक्क मुडुचुकुन्नदि।
मुंदु चूपु रेक्क विप्पुतुन्नदि।
चिविकिन ताटाकु पुटलु चेरिपि वेसि चरित्र–
बंगरु चिगुराकुलनु तोडुक्कुन्नदि।

श्रम-शक्तिकि विलुव पेरुगुतुन्नदि।
जन हृदयं बलं पुंजुकुन्नदि।
गिरिजनुडे पुरजनुडै धरा-चक्रमुनु त्रिप्पे
तरुणारुण कालं वस्तुन्नदि।

पोलिमेरलु तुडचुक पोतुन्नवि
सरिहद्दुलु मुडुचुक पोतुन्नवि
गालि वोले, परिमळाल जालु वोले, भिन्न-दिशा
पाळिकि कोङ्गुलु मुडिवडुतुन्नवि।

चेयि-चेयि कलिपिन विक–
सिंचुतु वेच्चनि स्नेहमु।
मुडुचु कुन्न गुंडे लो–
गुबुल्कोनु नेत्तुटि दाहमु।

समय पुकारता

समय हाथ उठाकर पुकारता
नर-कंकाल आगे पग धारता;
धुँधुआते जीवन से नर अंबर–
धरा मध्य सेतु-सा सँवारता।

समर की समाधि उधर बन रही
शांति की सभा इधर सँवर रही;
तिमिर-गरल-मुक्त धरा पूनों की–
चंद्र-कला में नहा निखर रही।

जड़ अतीत सिकुड़ कहीं पड़ रहा
नव भविष्य पंख पसार उड़ रहा;
सड़े-गले ताल-पत्र जला कर–
इतिहास प्रवाल-लेख गढ़ रहा।

दिन दिन श्रम की कीमत बढ़ रही
नये नये गढ़ जनता चढ़ रही;
हरिजन–गिरिजन भी वर पुरजन हों–
नव-युग की प्रगति उधर मुड़ रही।

राष्ट्रों की सीमाएँ मिट रहीं
हाथों की शृंखलाएँ कट रहीं;
मरुत में परिमल की लहरों-सी
गाँठ भिन्न दिशाओं की जुट रही।

हाथ हाथ मिला, खिले
फिर नर में नरम स्नेह।
सिकुड़े उर में दौड़े
उष्ण-रुधिर का प्रवाह।

परिमळाल नेंवडापुनु?
पैर-गालि नेंवडापुनु?
एवडापुनु मानवता
रवि-रुकुलु, कवि-वाक्कुलू?

(**'मार्पुना तीर्पु'** से)

कौन गंध को रोके,
गंध-वाह को टोके,
मनुज-रवि-ऋचा, कवि का
वचन भला क्यों चूके?

(अनु : आलूरि बैरागी चौधरी)

त्याग माधुरि

कोरुकोवोय् मनिषी!
कोव्बरिकाय जीवितान्नि
माडुपगिलिना इतरुलकु
माधुर्यान्नि पंचालनि।

कोरुकोवोय् मनिषी!
कोव्वोत्ति आशयान्नि
चल्लनि वेलुगिव्वालनि।

कोरुकोवोय् मनिषी!
कारुमब्बु हृदयान्नि
तानु नीरु नीरवुतुन्ना
धरणिनि पंडिंचालनि।

कोरुकोवोय् मनिषी!
कोंडवागु अनुरागान्नि
तादात्म्यं पोंदालनि।

कोरुकोवोय् मनिषी!
कोटगोड़ सहनान्नि
तन ओळ्ळुकु चिल्लुलु पडुतुन्ना
तन वारिनि बतिकिंचालनि

कोरु कोवोय् मनिषी!
कोडिपुंजु कर्त्तव्यान्नि
गूटिलो तानु पडि उन्ना
तोटि लोकान्नि मेल्कोल्पालनि

त्याग का माधुर्य

चाह ले रे मानव!
नारियल जैसा जीवन,
खोपड़ी फूटे तब भी
दूसरों को मिठास बाँटे।

चाह ले रे मानव!
मोमबत्ती (शमा) के आशय को,
सारा बदन जलता जाए
(तबभी) शीतल प्रकाश फैला सके।

चाह ले रे मानव!
कजरारी घटा के हृदय को,
स्वयं पानी-पानी बनता जाए
(तबभी) धरती को हरा-भरा कर सके।

चाह ले रे मानव!
पहाड़ी झरने के अनुराग को
जाकर मिलने पर भी खारे पानी में
तादात्म्य प्राप्त कर सके।

चाह लेरे मानव!
क़िले की दीवार के धैर्य को
सारी देह में सुराखें पड़ती रहें
(तब भी) अपने लोगों को जीवित बचा सके।

चाह ले रे मानव!
मुर्ग़े के कर्तव्य को
नीड़ में स्वयं पड़ा रहे
(तबभी) सारी दुनिया को जगा सके।

कोरुकोवोय् मनिषी!
कोकिल रागशीलान्नि
तानु तिनेदि ऒंगरुचिगुळ्ळैना
गानसुघलु पंचालनि।

(**'मनिषी-चिलक'** से)

चाह ले रे मानव!
कोयल के रागशील को
स्वयं खाता हो कड़वे कोंपल
(तबभी) गान सुधा को बाँट सके।

(अनु : डॉ. भीमसेन 'निर्मल')

भाष

भाष पुट्टिदि ना तर्वातने
भाष पलिकिदि ना तर्वातने,
शिशुवुला भाषनु पेंचानु नेनु
पशुवुने मनिषिगा मार्चिंदि तानु।।

ना इंटि विवृत गवाक्षं भाष
ना कंटि विनिर्मल कटाक्षं भाष,
विश्वासान्नि ना गदिलोकि पंपे वेंटिलेशन् भाष
वेयि पडगलेत्ति नर्तिंचे इन्स्पिरेशन् भाष।।

सिक्त नेत्रालनु आरवेसेदि भाष
रक्त स्पंदनलकु रागं पोसेदि भाष
एक्सरे किरणं लागा ऍद पोरललो चोर बारि
ऎन्नेन्नो रहस्यालनु ईड्चुकोच्चेदि भाष।।

विडगोट्टेदि कादु कलिपि कुट्टेदि भाष
पडगोट्टेदि कादु निलबेट्टिदि भाष।
पच्चि पगनु पेंचेदि पिच्चिगा सकिलिंचेदी
भाष कादु भायी, वठ्ठि कंठ शोष।

मतान्नि निलिपिंदी मतातीतंगा निलचिंदी भाषे
वर्णमाल लो ओदिगिंदी वर्णातीतंगा ऍदिगिंदीभाषे।।

गुलाबि चेंडुगा तुपाकि गुंडुगा मारगलिगिंदि भाषे
मट्टिबेड्डलनु मार्तांड बिंबालुगा मार्चगलिगिंदि भाषे।।

भाषा

भाषा ने जन्म लिया मेरे बाद ही
भाषा ने बोलना सीखा मेरे बाद ही।
भाषा को बालक-सा पोसा मैंने
पशु को ही मानव बनाया भाषा ने।

मेरे घर की खुली खिड़की है भाषा
मेरे नेत्रों की विनिर्मल चितवन है भाषा।
कमरे का 'वेन्टिलेशन' है भाषा
जो भर देता है मेरे कमरे में विश्वास
मेरी 'इन्स्पिरेशन' है भाषा
जिस से है मेरा यह आवर्तक नर्तन।

सजल नेत्रों की सान्वना है भाषा
रगों के रक्त स्पंदन का लय-ताल है भाषा।
'एक्सरे' किरण की भांति हृदय की पर्तों में घुस
अनगिनत रहस्यों को खींच लाती है भाषा।

नहीं तोड़ती भाषा, बल्कि है जोड़कर टाँकती
नहीं पछाड़ती, बल्कि जिता कर खड़ा कर देती।
जानीदुश्मनी बढ़ानेवाली, पगली-सी हिनहिनानेवाली
मात्र बकबक है भाई, नहीं हो सकती वह भाषा कभी।

भाषा ने ही निर्मित किया विविध धर्मों को
भाषा ने ही बुलंदी दी धर्म निरपेक्षता को
वर्णमाला में समाहित वह हो चली
वर्णन के परे भाषा वह बढ़ चली।

गुलाबी-गुच्छ-सा, बंदूक की गोली-सी
बदल सकनेवाली भी है भाषा,मेरे भाई,
मिट्टी के माधों को चंड मार्तंड बिंब-सा
बदल सकनेवाली भी है भाषा, रे भाई।

भाषे नेनु तेंच्चुकन्न तीयनि वरं
भाषे नेनु कट्टुकुन्न जीवन गोपुरं
पाटलुगा माटलुगा भाष रूपुदिद्दुकुंटुंदि।।
ऐना—
ए लिपिकि अंदनि भाष ले लेत नव्वुलो वुंदि।

(**'मनिषी-चिलक'** से)

भाषा ही है मेरा मधुर वरदान
भाषा ही है मेरे जीवन का नीड़
गानों व बातों के रूप में वह
संवार लेती है रूप अपना।

कुछ भी हो–
लिपि से परे, लिपि रहित
उस मंद-स्मित मुसकान में है भाषा।

(अनु: डॉ. पोलि विजयराघव रेड्डी)

तैलवर्ण चित्रालु

सागुतू-आगुतुन्न मब्बुलु
संशयत्मुनि ऊहल्ला.
चिरुचिन्ननि चिनुकुलु
पिरिकिवानि कोरिकल्ला।

विरुचुकुपड्ड जडिवान
तिरगबड्ड वानि कालिमडमल्ला,
रैच्चिपोतुन्न वरदलु
पिच्चिवानि वैकिलिनव्वुल्ला।

वैलिसिन आकाशं
वैलवैलबोयिन मुखंला,
तडिसिन धरणीकोशं
अडुसुलो दिगबडु सुखंला।

वौणिकिपोतुन्न गालि
ओडिपोयिन वानि मनस्सुला
चिल्लुबड्ड खिल्ला
चिविकिपोयिन धनुस्सुला।

रेखलु, कोणालु, आकृतुलु, विकृतुलु
कळ्ळतो गीसुकुन्न तैलवर्ण चित्रालु
कांतिलो आरवेसुकुन्न नग्न गात्रालु

('उदयं ना हृदयं' से)

तैलचित्र

बढ़ते-रुकते बादल
संशयात्मा की भावनाओं से,
गिरते-पड़ते छींटे
कायर की कामनाओं से।

टूट पड़ती वर्षा-धारा
उलट मारने वाली की एड़ी-सी,
बाँध तोड़ती बाढ़
पागल के अट्टहास-सी।

छँटता आकाश
फीके पड़े मुख-सा,
भीगी-भीगी धरती
कीचड़ में धँसे सुख-सी।

काँपती चलती हवा
पराजित के मन-सी,
सूराख़ों से भरी क़िले की दीवारें
पुराने पड़ गये धनुष-सी।

रेखाएँ, कोण, आकृतियाँ-विकृतियाँ
(ये सब हैं)
आँखों से चित्रित तैल-चित्र
प्रकाश में सुखाये गये
नग्न गात्र।

(अनु : डॉ. भीमसेन 'निर्मल')

विरिगिन हरिविल्लु

ओंकटि : आत्महत्य चेसुकुन्नाडु चंद्रुडु
अमावस्यलांटि बाविलो दूकि।

रॅंडु: अपार्थं चेसुकोकु ना कळ्ळनु चूसि
अश्रुवुलु पोंगडं वाटिकि परिपाटि।

मूडु : इदुगो ना मनसु गदि
ए अद्दे अक्करलेनिदि।

नालुगु: नादि कवित्वमंटावा? वट्टिमाट
अदि गायपडु गुंडेल चॅलगाटं।

अयिदु : उन्न दीपालन्नी मलिगिपोनी
ओक्क मनसुमात्रं वॅलिगिपोनी।

आरु: कालं इंत सुदीर्यमनि तॅलियदु
नीकोसं निरीक्षिस्तुंटे तप्प।

एडु: कलल्नि कनडानिकि
लिंगभेदं देनिकि?

('मार्पु ना तीर्पु' से)

टूटा इन्द्रधनुष

एक : आत्महत्या कर ली चन्द्र ने
अमावस-सी बावड़ी में कूदकर।

दो: इन आँखों को देख भ्रमित न होना।
स्वाभाविक है इनमें आँसुओं का उमड़ना।

तीन : यह देखो मेरे मन का कमरा
जिसे किराये की ज़रूरत नहीं।

चार : मेरी रचना को कविता कहते हो? व्यर्थ
यह है आहत हृदय की खिलवाड़।

पाँच : जलते सब दीपकों को बुझ जाने दो
एक हृदय को ही प्रज्वलित रहने दो।

छह : प्रतीक्षा करते तुम्हारी, पता चला
कालकी अवधि इतनी लंबी है।

सात : सपनों को जन्म देने में
लिंग-भेद कैसा?

(अनु : डॉ. भीमसेन 'निर्मल')

देशपटं

इदि नेनु
ई रोजुगीसिन
देश पटं।

समुद्रालु काळ्ळु
चेट्लु चेतुलु
काडलु कंडलु
विरुलु आशलु
आविरुलु श्वासलु
अन्नी उन्नयि
बागा आडुतुन्नायि
एदी मरि गुंडेकाय?
आगंडि
आस्पत्रिलो उंदि।

('तेजस्सुना तपस्सु' से)

देश का नक्शा

यह है देश का नक्शा
जिसे
आज मैंने उतारा।
समुद्र हैं चरण
पेड़ हैं हाथ
नदियाँ हैं नसें
पर्वत हैं मांसपेशियाँ
फूल हैं आशाएँ
भाप है साँस
सभी हैं
सभी खूब चलते-फिरते।
फिर कहाँ हैं दिल?
ठहरिए, सुनिए
वह है अस्पताल में।

(अनु. डॉ. भीमसेन 'निर्मल')

नवचेतन

तिरुगुबाटु चेस्तुन्नै
परिमळालु,
ऍन्नाळ्ळी रेकुल्लो
इला खैदुकावालनि।
तिरुगुबाटु चेस्तुन्नै
स्वरवरालु
ऍन्नाळळी गौन्तुल्लो
इला औंदिगि उंडालनि।

तिरुगुबाटु चेस्तुन्नै
सुरपुरालु
ऍन्नाळळी शून्यंलो
इला वाळुतुंडालनि।

कोरकालु छेदिस्तू
गोंतुल नुद्भेदिस्तू
शून्यानिकि निप्पंटि-
स्तू; कदिलिदोक नवचेतन;
परिमळमै स्वरवरमै
धरार्णिक दिगु सुरपुरमै।
('इंटिपेरु चैतन्यम्' से)

नवचेतना

विप्लव मचा रहे हैं
परिमल
कितने दिन इन पंखुड़ियों में
इस तरह कैदी बन रहें!

विप्लव मचा रहे हैं स्वर
कितने दिन इन कंडों में दबे पड़े रहें!

विप्लव मचा रहे हैं
सुरों के पुर
कितने दिन शून्य के अन्तराल में
झूलते रहें।
कोरकों को बेधती
कण्ठों को चीरती
शून्य को आग लगाती
सचेत हुई एक चेतना,
परिमल बनकर, स्वर का वर बन कर,
धरती पर उतरती सुर का पुर बनकर!!

(अनु. : डॉ (श्रीमती) माणिक्याम्बा

दत्तपुत्रि

एंपेरु?
'अनामिक'।
ए ऊरु?
'विंश्वपुरि'।
'वर्णम्'
'साम्यम्'
'मतम्'
'सत्यम्
हडाविडिलो तंड्रिपेरु
अडगडं मरिचानु
तंड्रिपेरु
(मौनं)
तंड्रि पेरु?
    तमाइंचुको गलिगिते
    तंड्रिपेरु चेंबुतानु
    इदुगो व्रासुकोंडि
    एकरुवु पेंडतानु।
    क्रीस्तु, मुहम्मद, बुद्धुडु
    लेनिन, लिंकन, गाँधी
    किंग, केनडी
    जवहरलाल, लाल बहादुर।
    इंदरू तंड्रुला अनि
    एमिटी विपरीतमनि
    वित्तरपोतुन्नावा
    चित्तगिंचु।
    इंदरि दत्तपुत्रिकनु
    इकनैना गमनिंचु।

('इंटिपेरु चैतन्यम्' से)

धर्म की बेटी

तुम्हारा नाम?
'अनामिका'।
किस गाँव की हो?
'विश्व पुरी'।
वर्ण–
'समता'–
धर्म
'सत्य'
पूछना ही भूल गया गड़बड़ी में
पिता का नाम।
पिता का नाम?
(मौन)
पिता का नाम?

धीरज धर सको, तो
पिता का नाम बताऊँगी।
चलो, लिख लो
बोलती जाऊँगी।
ईसा, मुहम्मद, भगवान बुद्ध,
लेनिन, लिंकन, गाँधी,
किंग, केनडी
जवाहरलाल, लाल बहादुर।
इतने पिता कैसे? सोच कर
आश्चर्य चकित हो गए?
सुनो, समझो!
इतनों की मैं धर्म की बेटी हूँ
अब तो समझो, तुम इस बात को!

(अनु : डॉ. (श्रीमती) पी. माणिक्याम्बा)

मच्चलेनि तूर्पु

इद्दरं
निश्शब्दं मंसिनि मुखंमीद
निलुपुकुन्न
मुद्रलं।
सीतलांटि सत्यान्नि कोल्पोयि
ओंगरुस्तुन्न
रामभद्रुलं।
सतिलांटि धर्मं तगलबडुतुन्ना
गिरिमीद कोलुवुन्न
परम रुद्रुलं।

कानी निन्न मेमु
कत्तुल कुत्तुकलो पुट्टिटनवाळ्ळं
चिच्चुल मच्चिकर्तो पैरिगिनवाळ्ळं
सैलयेळ्ळ पाठशाललो
श्रीकारालु चुट्टिटन वाळ्ळं।

विनयं माकु
वेन्नतो पेट्टिटना
विजृंभणं मा प्राथमिक विद्य
संप्रदायं माकु
सहोदरि अयिना
संप्रश्नं मा सहज गद्य।
इंत गतमुन्ना
ईतित अक्षतऋतमुन्ना
ईवेळ इद्दरं
एगरलेनि रेक्कलं।
सगं तेगिन नाल्कलोंचि
पोन्गलु ककके वाक्कुलं।

निष्कलंक प्राची

दोनों–
    खामोशी की स्याही से रंगे हुए छाप हैं।
    सीता के जैसे सत्य को खोकर
    निश्वास ले रहे
    रामचन्द्र हैं।
    सती जैसा धर्म जल रहा है
    फिर भी,
    गिरि पर निश्चिन्त आसीन
    परम रुद्र हैं।

लेकिन–
    कल हमने–
    छुरियों के बीच जन्म लिया था,
    ज्वाला के लाड़ में पले थे,
    झरनों की पाठशाला में पढ़ा था,
    विनम्रता हमारा सहज गुण है,
    विप्लव हमारी पहली विद्या है,
    परंपरा हमारी प्यारी बहन है,
    प्रश्नचिह्न लगाना हमारा सहज गुण है।

इतना महान् अतीत है,
इतना अक्षत इतिहास है,
फिर भी
हम दोनों, आज
ऐसे पंख हैं जो उड़ नहीं सकते
अर्धकटी जीभ की
    उबलती आवाज़ हैं।

नेडु-ओंक ग्रहणं लांटि
कीडु।
रेपु-रगुलुतुंदि ग्रहाग्रहं
चूडु।
अप्पुडु शनुलकू शकुनुलकू
आखरि ऊर्पु।
अदि ओंक
अंच्चमैन उदयं स्वच्छमैन
मच्चलेनि तूर्पु।

('इंटिपेरु चैतन्यम्' से)

आज एक ग्रहण के समान
अनिष्ट है,
कल, प्रज्वलित होते ग्रहों का क्रोध
द्रष्टव्य है।
तब, शनियों और शकुनियों का
आखिरी निश्वास है।
वहीं एक
सच्चा, स्वच्छ, सुन्दर
उदय है
वहीं निष्कलंक प्राची है।

(अनु : डॉ. (श्रीमती) पी. माणिक्याम्बा)

अ-भयम्

भयम्
नन्नु नेने कलुसुकुंटाननि।
भयम्
नेनु नन्ने तॆलुसुकुंटाननि।
नेनु तॆलुसुकोवलसिंदि
कडलि कडुपुलो
ज्वालाक्षरालु चॆक्के
बडवाग्नुलनु।
मब्बु गोंतुलो
आर्द्र स्वरालु कूर्चे
मंडुटॆंडलनु।
देवुनिगुळ्ळो
नास्तिकतनु भजिंचे
दिगंबर धारुलनु
प्रेयसि ऒळ्ळो
विप्लवाग्नि पलवरिंचे
वीराक्तारुलनु।

नेनुतॆलुसुकोवलसिंदि
नित्यं–मृत्युवुनु मिंगि
सत्याग्नि त्रेंचे
सामान्युल्नि।
निमिषनिमिषानिकी कुंगि
शिखरालतो क्रीडिंचे
चिरंजीवुल्नि।
सरिपडनि दिक्कुलमध्य
बेसिनि श्रुति चेसे
सहजीवनुल्नि।

अ-भय

भय है कि
मैं अपने से मिल जाऊँगा।
भय है कि
अपने आपको समझ लूँगा।
मुझे मिलना है—
सागर के गर्भ में
ज्वाला के अक्षरों की सृष्टि करने वाली
बडवाग्नि से!
बदलियों की आवाज़ के जरिये
आर्द्र स्वर-लहरियाँ देने वाली
तपती हुई धूप से!

मंदिर के प्रांगण में
नास्तिकता का कीर्तन करने वाले
दिगंबरधारियों से।
प्रेमिका की स्नेहमय गोद में
विप्लव के सपने देखने वाले
वीरावतार-धारियों से

मुझे समझना है—
सदा मृत्यु को निगल कर
सत्य की डकार लेने वाले
सामान्य मानव को।

प्रतिक्षण गिरते-उठते
उन्नत शिखरों से खेलने वाले
चिरंजीवों को।
सम नहीं होती हुई दिशाओं के बीच में
विषम से ही मधुर स्वर आलाप करने वाले
सहजीवियों को।

पोरलेरुगनि दृक्कुलंमध्य
भूगोलान्नि तूचे
पुरोगामुल्नि।

('इंटिपेरु चैतन्यम्' से)

परदे नहीं जिस दृष्टि पर
पवित्र दृष्टि से जो ब्रह्माण्ड को हैं तौलते,
ऐसे पुरोगामियों को
मुझे समझना है।

(अनु : डॉ. (श्रीमती) पी. माणिक्याम्बा)

मनसु

मनसु मर्कटं-कादु
इरकटं।
एडु समुद्राल बडबाग्निनि
एला दास्तुन्दो?
पिच्चिगा अरुस्तुंदि
पच्चिमंटल नोळ्ळतो।
कूलंकषनु दाचगलमा
कूजालो।
क्षीराब्धिनि दाचगलमा
सीसा लो।
पोंगि पोर्लुतुंदय्या–
अंगीमाटुन गुंर्डला।
करळळत्तुतुंदय्या–
कळळवेनकाल चूपुला।
इरुकुलतोने इब्बंदि
मरकटं मंचिदंडी।
गन्तुलुवेस्तुंदि गानि
गन्तल्लो इमडदंडी।
अनुकुंटानु अंदुके
मनसे ओक कोतिला
मारिपोते मेलनी,
ब्रतुके ओक ज्योतिला
प्रज्वलिस्ते चालनी।

('इंटिपेरु चैतन्यम्' से)

मन

मन बंदर, नहीं,
संकरीला है!
सात समुंदरों की आग को
कैसे छिपा लेता है
पागलों जैसा चीखता
जलती हुई ज़ुबान से!
सागर को छुपा सकेंगे क्या
सुराही में?
क्षीर सागर को शीशी में
समा सकेंगे!!
उफन-उफन बहता है, हृदय
अचकन की आड़ में,
बर्फ जैसे जम जाती है नज़र
आँखों के पीछे।

मन संकरीला है
यही तो परेशानी है।
अच्छा होता मन बंदर ही होता
उछल-कूद करता था, मगर
खुद फँसता तो नहीं था!
इसलिए मैं सोचता हूँ
कितना अच्छा होता अगर
मन बंदर बन जाता।
जीवन ही एक ज्योति-सा
जलता ही रह जाता, तो
कितना अच्छा होता!

(अनु : डॉ. (श्रीमती) पी. माणिक्याम्बा)

आणिमुत्य

पशुवुलु कादु--
परमहंसले एगिसेदि
इक्कड।
असुरुलु कादु–
अमृताशनुले मिगिलेदि
इक्कड।

रक्ति मुदिरिते रजस्तत्वं
ईशुक्ति प्रिदिलिते आणिमुत्यं

('इंटिपेरु चैतन्यं' से)

निखरा मोती

पशु नहीं–
यहाँ तो
परमहंस ही उड़ जाते हैं।
असुर नहीं–
यहाँ तो
अमृताशन (देवता) ही बचे रहते हैं

रक्ति बढ़े तो रजः तत्त्व
सीपी फूट पड़े तो निखरा मोती।

(अनु : डॉ. भीमसेन 'निर्मल')

कवित

नादंगा ध्वनिंचि ऋ-
ग्वेदंगा जनिंचि का
व्यात्मग भासिंचि रूप
कात्मकत धरिंचि; अंग
सिद्धितो अलंकरण स
मृद्धितो नवीन काव्य
रीतुलतो विश्वप्रिय
नीतुलतो तरगलेत्ति
प्रवहिस्तूवुन्न कवित
प्रतिमानव मातृभाष ।

मंचुनु छेदिंचुकु उद
यिंचु पोद्दुपोडुपुलोन
परिगिलिन माळळ मोगालनु
चिगुरिंचे येरुपुलोन;
राति समाधुल मोलिचे
केत गरिक मोलकल्लो
विषमाटविलो निलिचे
वेदुरुपोदल पिलुपुल्लो;
कनिपिंचे चैतन्यं
कवितकु मूलद्रव्यं।

दिक्कुलु दिगजारिन आकसंलो
ओक मब्बु केसरिला गर्जिस्ते
रेक्कलु पडिपोयिन शिशिरांतंलो
ओक्क चैत्र जैत्र ध्वज मेंगरेस्ते
कदलाडे उल्लासं
कवितकु नव्योछ्वासं।

कविता

नाद के रूप में मुखरित हो,
ऋग्वेद के रूप में व्यक्त हो,
काव्य की आत्मा के रूप में प्रतिभासित हो,
रूपक-रूप धारण कर,
अंग -विन्यास से युक्त हो,
अलंकरण की समृद्धि से विलसित हो,
काव्य-रीतियों से पूर्ण हो,
नवीन काव्य-रीतियों से
विश्वप्रिय-नीतियों से
लहर लहराती प्रवहित है कविता
प्रतिमानव की मातृभाषा है कविता।

हिम को बेधकर,
उदित उषा में
ठूंठ बने शाखों से
पल्लवित होने वाली अरुणिमा में
पाहन की समाधियों में
उगने वाले हरित तृणों में
विषम अटवियों में
वंशी की पुकार में
अनुभूति का चैतन्य ही
कविता का मूल पदार्थ है।

दस दिशाओं में परिव्याप्त
मेघ केसरी-सा गरज उठे तो
पंख हीन बने शिविर के अंत में
चैत्र जैत्र-ध्वज फहराए तो
(तब) स्पंदित उल्लास ही
कविता का नव उच्छ्वास है।

असहायुलु निट्टूर्पुलु प्रसरिस्ते
निनदिंचुनु अक्कड कन्नीटि कवित।
नैरजोदुलु रुधिराग्नुलु कुरिपिस्ते
विनिपिंचुनु अक्कड रणवीर कवित।
निरपराधु लुरिकंबालेक्कुतुंटे
निपीडितुलु चेरसालल मग्गुतुंटे
शांतं लाठीपोटुल मूल्गुतुंटे
पक्षिवधनु चूसिनपुडु
रूक्षिल्लिन शापकवित
मळ्ळी मळ्ळी प्रभविस्तुंटुंदि—सं—
केळ्ळलो नवच्छंदं पुडुतुंदि।

('भूमिका' से)

निर्बल की आहों में
अश्रुपूर्ण कविता मुखरित होगी।
योद्धा रुधिर अग्नि बरसावे
रस वीर कविता सुन पड़ेगी।
निरपराधी फाँसी पर चढ़ते रहें,
        काराओं में कुढ़ते रहें
सत्य, शृंखला में पिसता रहे,
शान्ति लाठी के वारों से कराहती रहे,
तो
क्रौंच के क्रंदन को देख
रूक्ष बनी शाप कविता
पुनः पुनः उद्भूत होती रहेगी।
सांकलों में नव छन्द मुखरित होता रहेगा।

(अनु : भीमसेन 'निर्मल')

ज्वलनं

रक्त बिंदुवुला
रालिते तमस्सु
रगिलिते उषस्सु।

रक्ति इंदुवुला
फलिस्ते चंद्रिक
ज्वलिस्ते चंडिक।

नेनु सिंधुवुला
चलिस्ते मलयानिलं
निलिस्ते वड़बानलं।

('मथनं' से)

ज्वलन

रक्त बिन्दु सम
गिर पड़े तो तमस्
जल उठे तो उषस्।

रक्ति इन्दु सम
फलित हो तो चंद्रिका
ज्वलित हो तो चंडिका।

मैं सिन्धु सम
होऊँ तो मलयानिल
प्रस्थित रहूँ तो वड़वानल।

(अनु : भीमसेन 'निर्मल')

उन्मीलनं

वित्तनं जननं
मौलक बाल्यं
मौग्ग कौमारं
पुव्वु यव्वनं
पंड्डु वार्धक्यं
वट्टिमोड्डु वल्लकाड्डु

पट्टिकला पेरुकुन्न
पैमाटल्नि चील्चुकुंटू
पगलबड़ि एड्चिंदि जीवितं
'इंतेना नायना
मानैना मनिषैना' अंटू।

('मथनं' से)

उन्मीलन

बीज	जनन
अंकुर	बाल्य
कली	कौमार
फूल	यौवन
फल	वार्धक्य
निरा ठूँठ	श्मशान

सूची-सा जमाए
ऊपर के शब्दों को चीरते हुए
ठहाका, भर रो पड़ा जीवन
यह कहते कि
'अरे, यही है
तरु हो या नर।'

(अनु : भीमसेन 'निर्मल')

कलल्लारा! आगंडि

तीसुको ऑक वित्तनान्नि
विसिरेयि चेलोकि।
अदि पेलुतुंदि
वेय्यि मुक्कलुगा।
अप्पुडु मौलिचे मौक्कलु
अग्नि प्रसवविंचे वाक्कुलु।

ई कौळायि रालुस्तूंदि
औक्कौक्कबॉट्टे-ऐड्चनट्टु।
मूसेयि वैंटने;
औळळंता उब्बि पगुलुतुंदि
उव्वेत्तुगा चिम्मुकुंटू
उरवडिनि एगरेसुकुंटू।

कलल्लारा! आगंडि अक्कडे
चोटुलेदु मीरु चौरडानिकि
ई निद्र जागृति मुद्र।
इक्कडि पंचेंद्रियालु
बुसकोडुतुन्न सर्पालु
बुट्टलो अणिचेसिना।

अडिविपूलु पॉचुन्नायि
अडुगुलचप्पुडु कोसं
चेवुल्नि एक्कुपॅट्टि
ए औक्क इनपबूटु तौक्किकना
ऍगिरिकौडतायि
माडु पगिलेट्टु।

सपनो! रुक जाओ

ले ले एक बीज
फेंक दे खेत में,
वह फूट पड़ेगा
हजार टुकड़े बनकर
तब अंकुरित होने वाले पौधे होंगे
अग्नि-प्रसवित-वाक्।

यह नल टपकाता है
एक एक बूंद, रोता-सा
बंद कर दे झट
शरीर फूलकर फट जाएगा
फव्वारे
उछाल देगा।

सपनो! रुक जाओ
घुसने के लिए जगह नहीं है।
यह निद्रा है जागृति की मुद्रा।
यहाँ की पंचेंद्रिय हैं
पिटारी में बंद। फिर भी,
फुफकारते सांप।

जंगल के फूल
ताक में बैठे हैं
पैरों की आहट के लिए
कान साधकर।
लोहे का एक भी जूता पड़े
तो
उछल मारेंगे
(जिससे) सिर फूट जाए।

पट्टुकोंडि पट्टुकोंडि
पडिपोतुन्नाडु सूर्युडु

नगरं पागलो दिगबडि।
तप्पुकोंडि तप्पुकोंडि
पैरिगिपोतुन्नाडु सूर्युडु
वैय्यिचेतुल्तो ऍगबडि।

('मृत्युवु नुंचि' से)

पकड़ो पकड़ो सूरज को
धँसता जा रहा है
शहर के धुँए में,
हटो हटो सूरज से
बढ़ता जा रहा है
हजारों हाथों से ऊपर
(अनु : भीमसेन 'निर्मल)

चेट्लु

चेट्लु माट्लाडवु
चिगुळ्ळनु पलिकिस्तायि
आकुलु विडाकुलिच्चिनप्पुडु
आत्मतो नव्वेस्तायि।

चेट्लु पोट्लाडवु
स्थिरशांतिनि वरिस्तायि
नेत्तुरुपील्चे जलगलोच्चिना
नीडल्नि वर्षिस्तायि।

चेट्लु निट्टूर्चवु
जुट्लु पंचुकुंटायि
तेगकुरिसे मंचुकु जडिसि
तिरपतिनि स्मरिंचुकुंटायि।

चेट्लु निद्रिंचवु
शिरसेत्ति चूस्तायि।
काळ्ळतो चीकट्लनु पील्चि
कळ्ळतो वेलुगुलंदिस्तायि।

('मृत्युवु नुंचि' से)

पेड़

पेड़ बोलते नहीं
कोंपलों से बुलवाते हैं।
पत्ते तलाक देते जब
अपने आप में हँस लेते हैं।

पेड़ झगड़ते नहीं
शान्ति का वरण करते हैं।
खून-चूस जोंक आवें जब
छाया ही बरसाते हैं।

पेड़ आहें भरते नहीं
बाल बढ़ा लेते हैं।
धुआँधार कुहरे से डर जावें जब
बालाजी* का स्मरण कर लेते हैं।

पेड़ सोते नहीं
सिर उठाकर देखते रहते हैं।
पैरों से अंधकार को पीकर
आँखों से कांति का प्रसार करते हैं।

(अनु : भीमसेन 'निर्मल')

---

* तिरुपति जाने वाले भक्तों के केश-समर्पण (मुंडन) की मनौती की ओर संकेत है।

महाप्रस्थानालु

ऍन्नेन्नि प्रस्थानालु मनिषिकि?
ऍन्नेन्नि परिभ्रमणालु मनिषिकि?
अंतलोने नुरगल परुगु।
अंतलोने कदलनि अडुगु।
ऍवरु तानु?

ए धातु गर्भंनुंचि ऍदिगिन मानु?
ऍला कुदिंचुकुन्नायो
इंत मौलकलो अंतटि शाखलु?
ऍला पौंदुगुकुन्नायो
इंत वित्तुलो अंतटि जीवरेखलु?

तरुवुला पैरिगिन मनिषि
तरचि चूस्ताडु तननु तानु।
मुसुरुकोस्तायि हरितस्मृतुलु
मोक्कनुंचि कोम्मलवरकु।
अम्म ओडिने अनंत विश्वमनुकुनि
स्तन्यंलोने समस्त मधुरिम लंदुकुनि
बुरदनु पिसिकि बुग्गलकु पूसुकुनि
आकाशंलोनि जाबिलिनि अद्दंलोकि दिंपुकुनि
कोय्यगुर्रमेक्कि कोटि आमडलु तिरगेसि
कट्टपुल्लुलु पट्टि कत्तिसामुलु चेसि
बाल्यकुल्यलीदिन मनिषि
पलवरिंचाडु तनलोतानु मोरसि।
अगुपिंचिन सोगसुलन्नी मगुवगा मलचुकुनि
अल्लुकुन्न स्वप्नालन्नी आकृतुलुगा निलुपुकुनि
ताकिन पूलरेकुलन्नी तरुणि पेदवुलनुकुनि
सोकिन गालितरगलन्नी सुरभिलश्वसलनुकुनि

महाप्रस्थान

न जाने कितने प्रस्थान मानव के?
न जाने कितने परिभ्रमण मानव के?
एक पल फेन उगलती दौड़
एक पल अविचल पग।
वह कौन?
किस धातुगर्भ से उगा वृक्ष?
कैसे सिमट गई
इतने-से अंकुर में इतनी बड़ी शाखाएँ?
कैसे मिल-जुल गई
इतने से बीज में
इतनी जीव-रेखाएँ?
तरु-सा बढ़ा मानव
परख लेता है अपने-आपको।
घेर लेती हैं हरित स्मृतियाँ
अंकुर से शाखाओं तक।
मानकर माँ की गोद को ही अनन्त विश्व
पाकर स्तन्य में ही समस्त माधुर्य
कीचड़ को मींज कर, गालों से पोत कर,
गगन के चाँद को दर्पण में उतार कर,
काठ के घोड़े पर करोड़ योजन घूमकर,
तिनके लेकर हाथ में, तलवार माँज कर,
बाल्य-कुल्याओं में तैरकर मानव
बड़बड़ाया अपने आप चमक कर।
सारी छवियों को नारी रूप दे कर,
आकांक्षित स्वप्नों को आकृतियाँ दे कर,
स्पर्शित पंखुड़ियों को तरुणी के अधर मान कर,
बहती पवन-तरंगों को सुरभित श्वास मान कर,

तरलिपोये कालान्नि परिष्वंगंलो पोंदुगुकुनि
परवशिंचिन प्रतिक्षणान्नि सुरानुभूतिगा दाचुकुनि
यव्वन गगनालंटिन मनिषि
नव्वुकुन्नाडु तनलोतानु ऍगिसि।

कट्टुकुन्न व्रेन्नेल गूटिलो कापुरंपेंट्टि
पेंचुकुन्न ममकाराल अंचुलुमुट्टि
आशिंचिन संपदल अंदलालपै ऊरेगि
कोरुकुन्न अनुभवालनु कुत्तुक बंटिगा तागि
गीसिन गीटु चल्लुतूउंटे मीसालपै चेयिसागि
वेसिन पाचिक पारुतू उंटे वेंडिजुत्तु मेत्तगा ऊगि
मुदिमिनि तोंडुक्कुन्न मनिषि
मुच्चर्टिचुकुन्नाडु तनलोतानु तरचि।

ऍंदाका ई नडक?
ई अडुगु सागिनंदाक।
ऍन्नाळ्ळु सागुतुंदी अडुगु?
ऍदुरुगा लोय निलिचेदाक।
एमंटुंदि आ लोय?
ईड्चुकुंटुदि अगाधंदाक।
एमौतुंदि आ पैन?
इदि प्रश्नगा मिगिलिन प्रश्न।

एंतबागा मेरुगुपेंट्टानु
ई पसिडि पंजरानिकि?
ऍन्नि मुत्यालगिंजलु तिनिपिंचानु
ई प्राणविंहगानिकि?
इदि ओरिगि पोतुंदा लोयलोकि?
अदि ऍगिरिपोतुंदा शून्यंलोकि?
मळ्ळी प्रसविस्तुंदा शून्यं
मरोजन्मकु तीगला प्राकि।
मृतिकि परिष्कृति शून्यमा?
शून्यानिकि आविष्कृति जननमा?
ऍन्नि नदीजलालु कलिसिना

गतिशील काल को परिरंभ में भर कर,
तन्मय होते प्रतिक्षण को सुरानुभूति-सा निहित कर,
यौवन-गगनों का स्पर्श कर मानव
हँस पड़ा अपने आप उछलकर।

स्वनिर्मित ज्योत्स्ना-नीड़ में घर बसा कर,
पाली-पोसी ममताओं की सीमाओं को छू कर,
काम्य संपत्तियों की पालकियों पर विचर कर,
मन चाहे अनुभवों को गले तक पान कर.
अपने इशारों के आदेश बनने पर, मूँछों पर ताव देकर,
अपने फेंके पासे के सफल होने पर,
चिकने रजत-केशों के हिलने पर,
बुढ़ापे को पहने मानव
मन को टटोलकर बुदबुदाता रहा।
कहाँ तक यह गमन?
इस चरण के बढ़ते रहने तक।
कब तक बढ़ेगा यह चरण?
सामने घाटी के आने तक।
क्या कहती है वह घाटी?
खींच लेती है अगाधों तक।
आगे क्या होगा?
यह है प्रश्न के रूप में शेष-प्रश्न।

चमकाया कितना इस सुनहले पिंजड़े को?
चुगाए कितने मोती इस प्राण-विहग को?
यह ढह जाएगा घाटी में?
उड़ जाएगा शून्य में?
क्या शून्य फिर जन्म लेगा
दूसरे जन्म तक लता-सा फैलकर?
मृति की परिष्कृति शून्य है?
शून्य की आविष्कृति जनन है?
भर जाए कितनी ही नदियों का जल

ए विकृतीलेदु समुद्रनिकि।
ऍन्नि चोट्ल पदं मोपिना
एक कश्मलमंटदु इनकिरणानिकि।
पंजरंलोनि वासनलु
पक्षिकेंदुकंटवु?
आकृतिलोनि विकारालु
आत्मकेंदुकंटवु?
अगुपिंचनिदि नित्यमा?
अगुपिंचेदि मर्त्यमा?
ऍवरु चेसिन सृष्टि इदि?
चिवरिकि मृत्युवे सत्यमा?
निरंतर जीवयात्र
मरणानिकि नेपथ्यमा?
आकुलुरालक तप्पदंटे
अंकुर दश ऍन्दुको?
मरणं राक तप्पदंटे
शरीर धारण मेंदुको?
चिल्लुलुवड्ड कुंडलो
नीळ्ळु तेवडमेंदुकु?
चिविकिपोये गूटिलो
जीवि दागडमेंदुकु?
ए कत्तितो चील्चलेनिदि
ए निप्पुतो काल्चलेनिदि
ऊदिते ऍगिरे बूदिकुप्पलो
ओदिगि ओदिगि उंडडमेंदुकु?
जननंलेनिदे स्थिति उंटुंदा?
गमनं लेनिदे गति उंटुंदा?
पंचभूताल प्रस्तारालकु
मिंचिन प्रकृति उंटुंदा?
ए रूपमू लेनिदानिकि
इन्नि विडि विडि तोडुगु लेंदुकु?
अंतटा निंडिउन्न दानिकि

कोई विकार नहीं सागर में।
धरे चरण कहीं भी
मलिनता नहीं लगती सूर्य-किरण को।
पिंजड़े की वासनाएँ
पंछी को लगती क्यों नहीं?
आकृति के विचार
आत्मा को क्यों लगते नहीं?
क्या अदृष्ट नित्य है?
क्या दृष्ट मर्त्य है?
किसकी रची सृष्टि यह?
अंत में मृत्यु ही सत्य है?
मरण का नेपथ्य है
अविरत जीवन यात्रा?
पत्तों का झड़ना यदि अनिवार्य
तो फिर अंकुर-दशा क्यों?
मरण का आना यदि अनिवार्य
तो फिर शरीर-धारण क्यों?
छिद्रों वाले घड़े में
पानी भरना क्यों?
जीर्ण बन जाने वाले नीड़ में
जीव का छिपना क्यों?
किसी भी तलवार से न कटने वाली को
कैसी भी आग से न जलने वाली को
फूँकने पर उड़ जाने वाली राख की राशि में
सिमट-सिमट कर रहना क्यों?
हो सकती है जनन के बिना स्थिति?
हो सकती है गमन के बिना गति?
पंचभूतों के प्रस्तारों से परे
प्रकृति और कुछ होती है?
जो रूप रहित है
उसके अलग-अलग आवरण क्यों?
जो है सब जगह व्याप्त

अरलु अरलुगा विडुदलौंदुकु?
अग्निलांटिदि लोन उंटे
अंटुतुंदा आँटिकि चदलु?
अमृत तत्वं पैन उंटे
अवनिकुंटुंदा चावुदिगुलु?
देहं आँक बोंगंर
दीन्नि तिप्पेदि ऊपिरि
ऍप्पुडागिपोतुंदो अदि
चेप्पेदि ऍवरनि?
देहान्नि तिप्पलेनि प्राणि
सोहं अंटाडेंदुकनि?
तेर अवतल चूडलेनि मनिषि
परतत्त्वं प्रवचिस्ताडेंदुकनि?
अज्ञतनु कप्पिपुच्चे
आच्छादनला इवि?
अशक्ततनु मुरुगुपरिचे
अभिनर्तनला इवि?
अल्लुकुन्न साल्लेगूल्लु
अवुताया सौधालु?
अलल्लेत्ते ऍंडमावुलु
अवुताया सागरालु?
ओंटपट्टिन देहप्रीतिकि
अंतुपट्टनि प्राणभीतिकि
आश्रयमिच्चिन दिव्यकल्पन
अतिलोक शक्तुल आराधन।
कोरडा कोसलु छेल्लुमन्नट्टु
कोडताचुलु बुस्सुमन्नट्टु
उलिक्कि पड्डाडु मनिषि
ऊहास्तंभं विरिगिपडिनट्टु।
परुचुकुन्न चापमीद तानुलेडु
तिरुगुतुन्न बंति मीद परुगिडुतुन्नाडु।
ए अदृश्य हस्तं विसिरिन कंदुकमदि?

उसके अलग-अलग खाने-ठिकाने क्यों?
कुछ आग जैसी भीतर है तो
लग सकती है शरीर को दीमक?
कुछ अमृत-तत्त्व है ऊपर तो
होगी क्या मृत्यु-भीति धरती को?
देह है एक लट्टू
इसको घुमाती है साँस
कब रुक जाएगी वह
कह सकता है कौन?
प्राणी देह को तो हिला नहीं सकता
पर रट लगाए क्यों ''सोहं'' की?
जो देख नहीं सकता परदे के उस पार
वह क्यों करे प्रवचन परतत्त्व का?
अज्ञता को छिपाने वाले
आच्छादन हैं क्या ये सब?
अशक्तता को दुराने वाले
अभिनय हैं क्या ये सब?
बुने मकड़ी के जाले
क्या बनेंगे प्रासाद?
लहराती मृगमरीचिकाएँ
क्या बनेंगी जलराशियाँ?
ऊभचूभ बनी देह-प्रीति को
अबूझ प्राण-भीति को
आश्रय देने वाली दिव्य-कल्पना
है अतिलोक शक्तियों की आराधना।
मानो चाबुक की कोर छलक उठी हो
मानो दर्पित नाग फुफकार उठे हों।
चौंक पड़ा मानव
मानो कल्पना का स्तंभ टूट गिरा हो।
बिछी चटाई पर स्थित नहीं वह
घूमती गेंद पर दौड़ रहा है वह।
किस अदृश्य हस्त की फेंकी गेंद है वह?

ऍप्पुडो विमुक्तमैन इनखंडिक अदि।
ए कुदुरु लेनि ग्रहतारकलु
ऍला मिगिलि उन्नायि?
कनिपिंचनि अंतस्सूत्राललो
कट्टुवडि उन्नायि।
पारलु पोरलुगा तव्वुकुंटू
पुरोगमिंचिंदि जिज्ञास।
ऍन्नेन्नि सत्यालनु आस्वादिस्तुन्ना
इंका तीरनि पिपास।

ऍगिरे पक्षुलनु चूस्तू
एंळ्ळ तरबडि निट्टूर्चिन तानु
ऍगिसि पोतुन्नाडु गगनवाटिकि
ए रेक्का चोरलेनि चोटिकि।
एटिनि दाटि पोवालंटे
माटि माटिकी जड्सुकुनेवाडु
कड़लि कॆरटाल लोगिळ्ळनु
पडकगदुलुगा तीर्चुकुन्नाडु।

गालिलोनि परुगुनु हरिंचि
कदिले चक्रालकु अंटिंचि
कालिमीद कालु वेसुकुनि
लीलगा पयनिस्तुन्नाडु।
ऍक्कडो चिगुरिंचिन ध्वनिनि
ऍन्नेन्नो तीगलुगा पारिंचि
श्रवणाल पंदिळ्ळलोन
सौरभालु निंपुतुन्नाडु।
तॆरवॆनुक बोम्मलाडिस्तू
दरुवुलु वेसुकुन्न तानु
पलिके मनुषुलनु तॆरमीद
वॆलुगु नीडलगा आडिस्तुन्नाडु।
दूरान्नि दृश्यंगा मार्चि
दृश्यानिकि नादं कूर्चि

कभी का विमुक्त मिहिर-खण्ड है वह।
किसी भी मूल के बिना
कैसे अवस्थित ग्रहताराएँ?
अदृष्ट अंतस्सूत्रों से
बँधी हुई हैं।
परत-परत खोदती
बढ़ती गई जिज्ञासा।
ले कितने ही सत्यों का आस्वाद
अघाती नहीं पिपासा।
उड़ते पक्षियों को देख-देख
बरसों से आहें भरने वाला
उड़ता जा रहा है गगन तल पर
किसी भी पंख के लिए अगम्य स्थान पर।
नदिया पार करने के लिए
बार-बार भीत होने वाला
सागर-तरंगों के सदनों को
ढाल रहा शयन-कक्षों के रूप में।
पवन के वेग को हरकर
हिलते चक्रों में भरकर
पाँव पर पाँव धरे
कर रहा है सुखद यात्राएँ।
कहीं पल्लवित ध्वनि को
बहाकर कितने तारों में
श्रवणों के वितानों में
भर रहा है सौरभ।
परदे के पीछे से
पुतलियों को नचाकर
ताल-लय भरने वाला
बोलने वाली पुतलियों को
नचा रहा है परदे पर धूप-छाँव-सा।
दूरी को दृश्य में परिवर्तित कर
दृश्य को नाद से जोड़कर

कंटि इंटिलोकि चेर्चि
कापुरं चेयिस्तुन्नाडु।
क्षणंलो वैलिगि आरे मेरुपुल्नि
तन मुंगिट्लो पुनस्सृष्टि चेसि
चैतन्य शक्तिगा राशि पोसि
चाकिरी चेयिस्तुन्नाडु।
कंटिचूपु अंदुकोलेनि
ओंटिलोनि पौरल लोतुल्नि
किरणाले चित्र नयनालुग।
परिकिंचि चूस्तुन्नाडु।
मरने मतिगा मलचि
मनिषिकि प्रतिगा निलिपि
आलोचनलके सरिकोत्त
आकृतलु गीस्तुन्नाडु।
अवनिपै उंटूने कळ्ळनू
अंतरिक्षंलोकि पंपिंचि
नक्षत्राल नाडुल जाडलु
वीक्षिस्तू उन्नाडु।
अगुपिंचनि जीवाणुवुल
असलुरूपु बयटपेट्टि
चूपुलकु ऊहिंचलेनि
सूक्ष्मत कलिगिस्तुन्नाडु
मृत्युवुकू व्याधिकी उन्न
पोत्तुनु विच्छित्ति चेसि
आरोग्टिकि मध्य मरिंतगा
अखातं पेंचुतुन्नाडु।
गालिगूटिलो गलपेटिलो
मूलिगे अक्षरनिधुलनु
प्रत्यक्षनिक्षेपालुगा
पदिलपरुचुकुन्नाडु।
पिच्चिगा उरकलेत्ते नंदुलनु
मच्चिक चेसि पेरट्लो कट्टेसि
पैरुपापलाकु पालिच्चे

नेत्र गृह में पहुँचाकर
बना रहा है बसेरा।
क्षण में चमक-बुझ जाने वाली
बिजलियों को
अपने आँगन में रोपकर
चैतन्यशक्ति का रूप देकर
करवा रहा है चाकरी।
आँखों की पहुँच से परे
शरीर की परतों की गहराइयों को
किरणों के चित्र-नयनों से
निहार रहा है।
यंत्र को मति-सा ढालकर
मानव के बदले खड़ा कर
विचारों को ही
दे रहा है नित नूतन आकृतियाँ
ज़मीन पर रहते हुए
आँखों को अंतरिक्ष में भेजकर
नक्षत्रों की नाड़ी-गतियों को परख रहा है।
अदृष्ट जीवाणुओं के
असली रूप को उघाड़कर
दृष्टियों को
प्रदान कर रहा है कल्पनातीत सूक्ष्मता।
मृत्यु और व्याधि का सम्बन्ध-विच्छेद कर
उनके मध्य
बढ़ा रहा है अंतर को।
पवन-नीड़ में, स्वर-पेटी में
कराहती शब्द-निधियों को
प्रत्यक्ष-निक्षेपों के रूप में
कर ले रहा है सुरक्षित।
उन्मत्त दौड़ लगाने वाली नदियों को
पालतू बना, आँगन में बाँध
सस्य-शिशुओं को दूध देने वाली

पाडि आवुलुगा मलचुकुन्नाडु।
अगोचरंगा पडिउन्न
अणुगर्भंलो पोदिगिउन्न
विश्वतत्वान्नि गुप्पिट्लो बिगिंचि
अश्वक्रीडलाडुकुन्नाडु।
मनीषि तललो अट्टहासं
महोदधिला उरिमिंदि।
आरडुगुल मेनु मिन्नंटि
अहंकृतिला मेरिसिंदि।
तन पादं करुचुकुन्नदि मट्टिनि
तन मूर्धं कुम्मुतुन्नदि मिंटिनि।
पंचभूतालुन्नायि तन चुट्टू
पडिगापुलु कास्तुन्नट्टु।
गगनंला विस्तरिंचिन शिरस्सुलोन
ग्रहतारकल बृंद स्वरालु।
युगयुगाल शून्यफलकालपैन
ऍगिसि वस्तुन्न स्मृतिवलयालु।
ओक परिचितकंठं हुंकरिंचिन शासनंला
धिक्करिंचिन मरोस्वरं ढीकोन्न उद्रेकंला।
अवे माटलु अक्षराला अवे माटलु
अप्पुडेप्पुडो तानाडिन चेलगाटलु।
''अयिते वेळ्ळिपो मट्टि मनिषी आ मट्टिलोकि''
''अलागे; बेळ्ळि पोगिस्तानु आ मट्टिनि
''अंदाका वच्चिंदा नी अहंकृति?''
''अक्कडे मोदलौतुंदि मानव संस्कृति।''

तानिप्पुडु गालिबुडग कादु
ए दारं चेतिलोनो ऍगिरे
तोलु पडगं कादु।
तन कन्नु पलिकितेने उदयं
तन मनसु मलिगितेने अस्तमयं।
ताने ओक चैतन्य वारिधि
ताने दानिकि कट्टिन वारधि।

गायों का रूप दे रहा है।
अगोचर पड़े हुए,
अणु-गर्भ में जड़े हुए,
विश्व तत्त्व को मुट्ठी में बाँध
घुड़-दौड़ खेल रहा है।

मानव के मस्तक में अट्टहास
गरज उठा महोदधि-सा।
दो गज का शरीर
गगन चूमकर चमक उठा अहंकृति-सा।
चरण है चिपका मिट्टी से
माथा सींग लड़ा रहा गगन से।
पंचभूत है होड़ लगा कर।
पड़े हुए द्वार पर गगन तक फैले सिर में
ग्रह-तारकों के वृन्द गान।
युगों-युगों के शून्य फलकों पर
उड़-उड़ आते स्मृति वलय।
एक परिचित कंठ हुंकरित शासन-सा
धिक्कारता अन्य स्वर टकराता महोद्रेक-सा।
वे ही बातें, साक्षात् वे ही बातें
किसी समय की अपनी तीखी बातें
''तब तो चले जाओ
माटी के मानुस, उसी मिट्टी में।''
''ठीक है, जाकर उफनाता हूँ उसी माटी को
अंबर की ओर।''
''यहाँ तक आई तुम्हारी अहंकृति?''
''वहीं प्रारंभ होती मानव संस्कृति।''

अब वह हवा का बुलबुला नहीं
किसी धागे के हाथ उड़ने वाला चाम का पतंग नहीं।
उसकी आँख बोले तो उदय
मन मुँद जाए तो अस्त।
स्वयं है चैतन्य का वारिधि स्वयं ही उसका वारिधि।

तन ज्ञानं सृष्टि समस्यापूरणं।
तन ध्यानं मूल रहस्य प्रेरणं।
तनकु तेलुसु
तानु पंचुकुन्न मुव्वन्नेल चिलकनु
तन्नुकु पोवडानिकि
अहरहं मुक्कुलु नूरुतुन्न
आरु गद्दलुन्नायनि।
तनकु तेलुसु
तानु आघ्राणिस्तुन्न ऐडुरेकुल पुव्वुनु
ऍगरकोट्टडानिकि
अनुक्षणं काल प्रभंजनं
अंगलारुस्तुन्नदनि
कलिकितीपि कलिमितीपि कडुपुतीपि
कलिसि आडे निरंतर नाटकंलो
तानुवेसे नायकपात्रकु
कडकु मिगिलेवि सुडिगुंडालनि
तनकु तेलुसु।
अणुवुलोनि अव्यक्तमूर्तीनि
अजांडंगा चूसिन तानु
ग्रहाललो सुप्तंगा पडिउन्न
गालि उनिकिनि तूचिन तानु
चूसुकुन्नाडा तनलोनि रूपं?
तेलुसुकुन्नाडा तन मनसु तूकं?
ए अडुगो तन पक्कनु ताकिते
ऍन्त विषं कक्कुताडु?
ए चेय्यो तन जुट्टुनु तगिलिते
ऍन्नि पोगलु चिम्मुताडु?
तन चेनिगट्टु कास्ता तरिगिते
तलकायलु पगुलुतायि।
तन आटपट्टु कास्ता चेदिरिते
अनुबंधालु तेगुतायि।

उसका ज्ञान है सृष्टि समस्या-पूर्ति।
उसका ध्यान है मूल रहस्य की स्फूर्ति।
उसे मालूम
अपने पंचरंगी पालतू तोते पर
झपट्टा मारने के लिए
दिन-ब-दिन चोंच पैनी करने वाले
छः गीध ताक में बैठे हैं ।
उसे मालूम
पंच-पंखुड़ियों के जिस फूल को सूँघ रहा है
उसे उड़ा ले जाने के लिए
क्षण-क्षण काल-प्रभंजन
उल्लोलित हो रहा है। उसे मालूम
कांता की रक्ति
कांचन की आसक्ति
संतान की अनुरक्ति के
मिल-जुल रचे अविराम-नाटक में
अपनी नायक-भूमिका के लिए
अंत में बचेंगे केवल भँवर ही
अणु में अव्यक्त मूर्ति को
अजोड़ रूप में देखता मानव
ग्रहों में सुप्त पड़ा चैतन्य
पवन का अस्तित्व तौलता मानव।
क्या देखा है उसने अपना रूप?
पहचाना है अपने मन का संतुलन?
कोई पाद अपने पहलू को छू जाए
कितना विष उगलता है वह
कोई हाथ अपने बाल को लग जाए
कितना धुँआ उगलता है वह?
अपने खेत की मेंड़ तनिक भी घट जाए
तो न जाने कितने सिर फूट जाते हैं।
अपने खेल का दांव टुक विखर जाए
तो राग बंधनं टूट जाते हैं।

उषस्सुलो तानु गीसिन चित्रालु
मसक संदॆलो मसिबारुतुन्नायि।
विडिगा तानु चॆक्किन स्वप्न शिल्पालु
नडिवीधि तॊक्किडिलो मुक्कलौतुन्नायि।
मौनंलो मीटुकुन्न स्वरसंपुटाल्
महार्णवं घोषललो मुनिगिपोतुन्नायि।
पयनंलो पिलुस्तुन्न मैलुराळ्ळु
पादालकु प्रश्नार्थकालौतुन्नायि।

ऎक्किन शिखराले अवि
इप्पुडु मूलगुतुन्नायि लोयल्ला।
ऎगिसिन अंबराले अवि
इप्पुडु मुडुचुकुन्नायि इरुकु गदुल्ला।
पैकॆत्तिन कागडाले अवि
पडि उन्नायि चच्चु मिणुगुरुल्ला।

कंठान्नि मुद्दाडिन विरिदंडलु
करिचेस्तुन्नायेमिटि?
कीर्ति चुट्टू पाराडिन दंडकालु
कील्लनु तॊलुस्तुन्नायेमिटि?
तन पंचलो पॆरुगुतुन्न कुक्क
तनमीदिकि उरिकॊस्तुन्नदेमिटि?
पच्चगा पंचुकुन्न मल्लॆमॊक्क
पिच्चि पूलु पुक्किलिस्तुन्नदेमिटि?
तानु ऒत्तिगिल्ले मैत्तनि पान्पु
तनने ऎत्ति पारेस्तुन्नदेमिटि?
तानु पेर्चिन अक्षराल कूर्पु
तनने तप्पु पडुतुन्नदेमिटि?
इदि तानॆक्किन पीठमे—
ऎवरिनो मोस्तुन्नदेमिटि?
इदि तानु नेर्पिन पाठमे
ऎवरिनो वल्लिस्तुन्नदेमिटि?

ऊषा के खींचे चित्र
गोधूलि में धुँधले बनते जा रहे हैं।
अपने बनाए स्वप्नशिल्प
बीच-बाज़ार भीड़ में टुकड़े बन रहे हैं।
मौन में साधे स्वर-संपुट
महार्णव-घोष में डूब रहे हैं।
यात्रा में पुकारते मील के पत्थर
चरणों के लिए प्रश्न-चिह्न बन रहे हैं।
अपने विजित शिखर ही हैं वे
आज कराह रहे हैं घाटियों-से।
अपने क्रांत अंबर ही हैं वे
आज सिकुड़ गए हैं तंग कमरों जैसे।
अपनी ही ललकारें हैं वे
सुनाई पड़ रही हैं चहचहाहट जैसी।
अपनी ही उठाई मशालें हैं वे
पड़ी हुई बेजान जुगनुओं-सी।
कंठ को चूमने वाली फूलों की मालाएँ
आज डँस क्यों रही हैं?
यश के इर्द-गिर्द रेंगने वाले स्तुतिपाठ
जोड़ों को क्यों कुरेद रहे हैं?
अपने आँगन में पली कुतिया
क्यों भोंकती लपकती आ रही है?
पिछवाड़े में पली चमेली
भद्दे फूल क्यों उगल रही है?
लेटे थे सिमटकर जिस कोमल सेज पर
वह उछाले क्यों दे रही है?
जमाया था जिन अक्षरों की पंक्तियों को
वे नुक्ता-चीनी क्यों कर रही हैं?
यह तो अपना बैठा आसन
किसी और को क्यों टोह रहा है?
यह तो अपना सिखाया पाठ
किसी और की क्यों रट लगा रहा है?
कहाँ गई अपनी हाथ की छड़ी?

एमयिंदि तनचेतिलोनि दंडं
ए मांत्रिकुडु मच्चिक चेसुकुन्नाडु?
एमयिंदि तन आज्ञापत्रं
ए अर्भकुडु गलिपटंगा चेसुकुन्नाडु?
''ना नीड नन्ने वेक्किरिस्तुन्नदि
ना शवं नावैपे नडिचिवस्तुन्नदि।
गोंतुकलो नेनु सवरिंचिन स्वरं
गुड्लगूबगा ऍंदुरोस्तुन्नदि
इदि नेनु कट्टुकुन्न कोट
ऍला पोड़ुचुकास्तुन्नायि गुडिसेलु?
प्रहरीगोड एमैनट्टु
पारिपोयिंदा कट्टुबट्टलतो?
कंचे ऍक्कड चच्चिनट्टु
कलिपिंदा चेतुलु चितिमंटलतो?
अड्गुमोपिन चोटल्ला
अड्सु चिम्मुकोस्तुन्नदि।
गालि पील्चिनप्पुडल्ला
कमुरु कंपु कोड्तुन्नदि।
एंचेसुकोनु ई वेंडिकंचे?
एवेवो क्रिमुलु कदुलुतुन्नायि।
ऍला पट्टुकोनु ई मधु चषकं?
ए विकट स्मृतुलो तोणुकुतुन्नायि।
तेंगिपोतुन्न ऊपिरिनि
सगं सगं गतुकुतुन्नानु।

बुर्रलो बद्दलौतुन्न तेल्लपोट्टलु।
वेर्रिगा इरुक्कुन्न जुट्टु।
काळ्ळनु लागुतुन्न ऊबि।
तलनु चील्चेसे अरुपु
अललु अललुगा।
अलल नुरगल मीद
अच्चौतुन्न अक्षरालु

किस जादूगर ने उसे अपना लिया?
कहाँ गया अपना आज्ञापत्र?
किस छोकरे ने उसे पतंग बना लिया?

''मेरी छाया मेरा ही मज़ाक उड़ाती,
मेरी लाश मेरी ही ओर चली आती।
कंठ में साधा मेरा स्वर
उल्लू बन सामने आ रहा।
यह तो मेरा बनाया दुर्ग
यहाँ झोंपड़ियाँ कैसे उभर आ रही हैं?
प्राकार कहाँ?
भाग गया क्या खाली हाथ?
कहाँ मर गया वह बाड़ा?
हाथ मिलाया क्या चिता की ज्वालाओं से?
जहाँ-जहाँ चरण धरता
कीचड़ ही कीचड़ उभर आती है।
जब-जब साँस लेता हूँ
चिरांध लग रही है।
क्या करूँ इस चाँदी की थाली को?
न जाने कैसे-कैसे कीड़े बिलबिला रहे हैं।
कैसे धरूँ इस मधु चषक को?
न जाने कैसी-कैसी विकट-स्मृतियाँ छलक रही हैं?

मस्तिष्क में फूटते बिच्छुओं के पेट।
पगलाकर लबडब करता दिल।
उँगलियों में फँसे सिर के बाल।
पैरों को खींचता दलदल।
सिर को बेधने वाली चीख
लहर-लहर-सी।
लहरों पर फेन पर
छपते अक्षर
अव्यक्त से प्रश्न करती आकृतियों-से।

अव्यक्तान्नि प्रशिनस्तुन्न आकृतुल्लागा।
दृष्टिकंदनि सृष्टि उंदेमो?
सृष्टिकंदनि दृष्टि उंदेमो?
वाक्कुकंदनि अर्थमुंदेमो?
मनसुकंदनि भावमुंदेमो?
व्यक्तिनि आवरिंचे शक्ति उंदेमो?
शून्यान्नि चित्रिचे चैतन्यमुंदेमो?
उन्नट्टे उंदि–
ऊगिंदि शिरस्सु परवशिंचि
उन्नट्टे उंदि–
मोगिंदि शरीरं परिस्पंदिंचि।

अरमोड्चिन कळ्ळलो आविर्भविस्तुन्नायि
चिरुनव्वुलु चेक्कुकुन्न मुखालु
वरालु कुरिपिस्तुन्न नेत्रालु
वेरपुनु जडिपिस्तुन्न हस्तालु
मुक्तिकि मूर्ति कट्टिन पादालु।
राळ्ळु पातुकुंटुन्नायि
रकरकाल आकारालतो।
कोय्यलु कुदुरुकुंटुन्नायि
कोत्त कोत्त रूपालतो।
दिक्कुलु मोक्कुलंदुकुन्नायि
दिव्वेलु विनतुलंदुकुन्नायि
अर्चनलंदुकुन्नायि अस्थिकलु
आलयालु कट्टुकुन्नायि केश खंडिकलु।
कळ्ळकद्दुकुन्नाडु तानु तोक्किन मट्टिनि
तलपै चल्लुकुन्नाडु
तन काळ्ळु निलिचिन नीटिनि।
चेतुलेत्ति मोक्कुकुन्नाडु
चकुमुकिरायि चिम्मिन निप्पुनु
तन ब्रतुक्कि मुडिवेसुकुन्नाडु
तारा चंद्रादुल गतुलनु।
अलंकरिंचुकुन्नाडु मेडलो

शायद दृष्टि में न आने वाली कोई सृष्टि है?
शायद सृष्टि में न आने वाली कोई दृष्टि है?
गिरा की पकड़ में न आने वाला कोई अर्थ है?
मन की जकड़ में न आने वाला कोई भाव है?
व्यक्ति को घेर लेने वाली कोई शक्ति है?
शून्य का चित्रण करने वाला कोई चैतन्य है?
लगता है, है–
परवश बन झूम उठा सिर।
लगता है, कुछ है–
स्पन्दित हो गुंजित हो उठा शरीर।

अधमुँदी आँखों में आविर्भूत हो रहे हैं
मुस्कान जड़े मुख
वरदान बरसाते नेत्र
भय को भीत करते कर
मुक्ति के मूर्तिमान चरण।
शिलाएँ गढ़ी जा रही हैं
भाँति-भाँति की आकृतियों में।
काठ सज रहे हैं
नई-नई आकृतियों में।
दिशाएँ मनौतियाँ पातीं
दीप विनतियों को पाते
अर्चना पातीं अस्थियाँ
आलय बनाते केश खंड।
आँखों से लगाया मानव ने अपनी रौंदी मिट्टी को
सिर पर छिड़क लिया उसने
अपने चरणतल के पानी को।
हाथ जोड़ नमन किया
चकमक-पत्थर से छिटकी आग को।
जीवन की गाँठ बाँध ली
तारा-चंद्र की गतियों से।
गले को सजा लिया
अभय चिह्नों से।

अभय चिन्हालनु।
अद्दुकुन्नाडु नुदुटिपै
आत्मीय विश्वासालनु।
पैमेट्टु ऍक्किपोवालन्ना
पगवाण्णि तोक्किपोवालन्ना
कट्टुकुन्न रहस्यालमूटलु
पट्टुपडकुंडा उंडालन्ना
वान रावालन्ना
वरद पोवालन्ना
मडि पंडालन्ना
ओडि निंडालन्ना
आ मनस्सुकु एकैक शरणं
अतिलोक शक्तुल संस्मरणं।

स्मरणंताने आगेपोनि मनस्सु
परिक्रमिंचिंदि बहुमुखालुगा
कनिपिंचिन प्रति चेतिकि
तन नम्मकाल गुळिकलंदिस्तू
एमुंदो आ गुळिकल्लो
एमुंदो आ पलुकुल्लो।
अललेत्ते ज्वलन्मतुलु
आगिपोयि विंटुन्नाइ।
कंठीरवाल शिरस्सुल्लो
गंगिरेद्दुलु आडुकुन्नायि।
मंटलुमिसे कंठाल्लो
मंचुगड्डलु पेरुकुन्नायि।
प्रश्नलु नाटिन पादुल्लो
प्रार्थनलु मोलकेत्तुतुन्नायि।
आलोचनलु चल्लिनु बीजालनु
अर्चनलु मरुगुपरुस्तुन्नायि।
तन कन्नु चूसिंदे वेलुगु।
तन कालु वेसिंदे अरुगु।

माथे पर पोत लिया
आत्मीय विश्वासों को।
ऊपर की सीढ़ी पर जाना हो
बैरी का सिर कुचल जाना हो
बँधे रहस्यों की गठरियों को
खुलने न देना हो
पानी बरसना हो
बाढ़ निकल जाना हो
फसल पक जाना हो
गोद भर जाना हो
उस मन की एक ही शरण
अतिलोक शक्तियों का स्मरण।

स्मरण मात्र से न रुकने वाला मन
चक्कर काटता रहा भाँति-भाँति से
दीखे हर हाथ को
अपने विश्वासों की गोलियाँ बाँटते।
पता नहीं क्या है उन गोलियों में
पता नहीं क्या है उन बोलियों में
लहराती ज्वलित-मतियाँ
रुककर सुन रही हैं।
कंठीरवों के सिरों में
दिखावे के बैल खेल रहे हैं।
ज्वालाएँ उगलने वाले कंठों में
हिमखंड जम रहे हैं।
आलवालों में जहाँ प्रश्न रोपे थे
प्रार्थनाएँ अंकुरित हो रही हैं।
विचारों के बिखेरे बीजों को
अर्चनाएँ दुरा रही हैं।
प्रकाश वही जिसे अपनी आँख ने देखा हो
कदम वही जहाँ अपने चरण पड़े हों।

तानु धरिंचिंदे सिसलैन पात्र
तानु दर्शिंचिंदे असलु परमात्म।
अदे निजमैते अरलेंदुकिन्नि?
अखंडात्मलो पोरलंद्किन्नि?
कलरूपु ओक्क्टैते कलतलेंदुकिन्नि?
मूलतत्वं आक्क्टैते मुसुगुलेंदुकिन्नि?
परमार्थं प्रवचिंचे लक्ष्यं
नरबलुलकु दारितीस्तुंदा?
मानवतनु अनुगमिंचे ध्येयं
मनुषुलने वेरुचेस्तुंदा?
प्रेम सस्यं पंडालंटे
द्वेषं दुक्कि दुन्नाला?
समता ज्योति वेलगालंटे
अहंत निप्पुलु कक्काला?

इदि तेटनीरु कादु वोंट्टि बुरद वरद
इदि मनोनादं कादु मैकं पट्टिन रोद।
आदर्शाल पारायणमा इदि?
असमर्थुल पलायनमा इदि?
ऍन्नेन्नि नम्मकाल निच्चेन लेक्किकना
इक्कडे निलुचुन्नाडु मनिषि।
ऍन्नेन्नि विमुक्ति पथालु तोक्किकना
इक्कडे मुडिवडि उन्नाडु मनिषि।
कोंडल्लागा समस्यलेंदुरैते
गुंडेनुमुडुपुकट्टिटते ऍला?
उल्कल्लाग उपद्रवालु पैबडिते
उलिकिपडि चेतुलेत्तिते ऍला?
नेलनु सागु चेसे वाडिकि
धूलि अंटक तप्पुतुंदा?
श्रमने पणंगा ओड्डिन वाडिकि
चेमट पट्टक तप्पुतुंदा?

सच्चा पात्र वही जिसे उसने धारण किया हो
परमात्मा वही जिसे उसने देखा हो।
यदि यही सच है तो इतने विभाग क्यों?
अखंड-आत्मा में इतनी परतें क्यों?
असली रूप एक है तो इतने संघर्ष क्यों?
मूल तत्त्व एक है तो इतने मुखौटे क्यों?
परमार्थ का प्रवचन करने वाला लक्ष्य
क्या नरबलि के रास्ते पर लगेगा?
मानवता का अनुसरण करने वाला ध्येय
क्या मानवों में भेद डालेगा?
प्रेम की फसल पकाने के लिए
द्वेष को जीतना होगा?
समता-ज्योति के जलने के लिए
अहंकार की आग उगलनी होगी?
वह तो स्वच्छ जल नहीं
केवल कीचड़ की बाढ़।
यह मनोनाद नहीं
उन्माद का शोर।
यह है क्या आदर्शों का पारायण?
यह है क्या असमर्थों का पलायन?
विश्वासों की कितनी ही निसैनियाँ क्यों न चढ़ें
वहीं खड़ा है मानव।
विमुक्ति के कितने ही पथ क्यों न चले हों
वहीं उलझा है मानव।
पहाड़ों-सी समस्याएँ सामने आएँ
मन को मनौती बनाएँ तो कैसे?
उल्काओं-सी आफ़तें सिर पर टूट पड़ें
चौंककर हाथ डाल दें तो कैसे?
ज़मीन को जोतने वाला
भला, धूल से कैसे बचेगा?
श्रम का दाँव लगाने वाला
स्वेद से कैसे बचेगा?

ए रंपपुकोत लेकुंटे
ऍला पुडुतुंदि वेणुवु?
ए उलि दॆब्ब पडकुंटे
ऍला पलुकुतुंदि स्थाणुवु?

गुह नुंचि महलु दाका
नडक नुंचि रोदसी नौक दाका
दिविटील नुंचि विद्युद्दीपाल दाका
अम्मुल नुंचि अण्वस्त्राल दाका
प्रवहिंचिन संस्कृतिकि मूल हेतुवु
मनिषिलो विकसिंचिन विज्ञान धातुवु।
चुक्कलनु लॆक्किस्तू कूचुंटे
मुक्कारुलु पंडेविकावु।
अंता नुदुट व्रासि उंदंटे
यंत्रालु नडिचेवि कावु।
विधि परिधिलो चंक्रमिस्तुंटे
विवेकं पॆरिगेदि कादु।
संकल्पं नडुमु कट्टकुंटे
चरित्र तिरिगेदि कादु।
मनिषि जीवितं
अनुभवांकितं।
अदि कादु गालि ईत
अदि कादु नीटि नेत।
चावु पुट्टुकलु
जीवितानिक इरुगट्टुलु।
नित्य प्रस्थानं तप्पुतुंदा
मृत्यु तीरं चेरेदाका।
आशल दीपस्तंभालकु
निराशलु क्रीनीडलु।
सत्याल जीव वाहिनुलकु
स्वप्नालु रंगुल बुडगलु।

आरे की कटाई के बिना
कैसे बनेगी बाँसुरी?
छैनी की मार के बिना
कैसे मुखरित होगा कोई अचल?

गुफा से महल तक
पैदल से रोदसी-नौका तक
मशालों से बिजली के दीपों तक
बाणों से बमों तक
बहती संस्कृति का मूलहेतु--
मानव में विकसित विज्ञान-धातु
तारे गिनते बैठे रह जाते
तो तीन बेर फसलें न उगतीं।
सब कुछ ललाट पर लिखा रहता
तो यंत्र नहीं चल पड़ते।
विधि की परिधि में भ्रमते रहते
तो विवेक का विकास न होता।
संकल्प कमर न कसता तो
इतिहास में गति न आती।

मानव का जीवन
अनुभव से अंकित।
वह नहीं पवन में तैरना
वह नहीं जल का बुनना।
जन्म-मरण
जीवन के दो किनारे।
मृत्यु तीर पहुँचने तक
नित्य का प्रस्थान रुकेगा?
आशाओं के दीपस्तंभों की छायाएँ हैं ये निराशाएँ।
सत्यों की जीव-वाहिनियों के
रंगीन बुलबुले हैं सपने।

आ नीडलकु जडुसुकोक
आ बुडगलकु भ्रमसिपोक
सांगिपोताडु कांति लहरिला
चैतन्य केतनुडु मानवुडु।
आ वेलुगु
आवुलिंचे कालानिकि वेन्नुचरुपु,
आ अडुगु
आगिपोयिन मार्गानिकि मरोमलुपु।

('विश्वंभरा' का चतुर्थ सर्ग)

उन छायाओं से भीत न होकर
उन बुलबुलों के भरम में न पड़कर
चलता आता है कांति-लहर-सा
चैतन्य-केतन मानव।
वह प्रकाश
जम्हाई लेते काल की पीठ पर चपेट
वह क़दम
रुके मार्ग का एक और मोड़।

(**अनुवाद : डॉ. भीमसेन 'निर्मल'**)

मरोक्षणानिकि

समुद्रमंटे
कोटल काळळतो सागे
ऊरेगिंपु।
कट्टनु चेरगाने
दानि काळळकु तलवंपु।
भंगपडु समुद्रं
कुंगि पोदु अवमानानिकि।
पोंगिवस्तुंदि मळळी
होरेत्ते रेक्कलतो
पुरोगमिंचे मरोक्षणानिकि।

('रेक्कलु' से)

अगला क्षण

सागर क्या है?
करोड़ चरणों से चलने वाला
जुलूस।
वेला पहुँचने पर
उसके चरणों की अवनति।
अवनत सागर
दब नहीं जाता अपमान से।
उफनकर आएगा फिर से
गरजते पंखों से
प्रगतिमान अगले क्षण के लिए।

(अनु : भीमसेन 'निर्मल')

मनीषि

पंचेंद्रियाल्ने कादु
प्रपंचान्ने
रायिला निलिपेवाडु
ऋषि।

रायिला पडिवुन्न
प्रपंचान्ने
अहल्यगा मलचेवाडु
मनीषि।

('रेक्कलु' से)

मानव

पंचेंद्रियों को ही नहीं
प्रपंच को ही
पथरा देने वाला है
ऋषि।
पाहन जैसे
पड़े हुए प्रपंच को
अहल्या में रूपायित करने वाला है
मानव।

(अनु : भीमसेन 'निर्मल')

नडक

नड्स्तुंटानु प्रति उदयं
ना वेंनक परुगेत्तुतायि
वीथी, रोड्डू, पार्कू,
तीगलु नड्स्तायि
ऊगे चेतुलतो।
चेट्लु नड्स्तायि
शिवमेत्तिन जुट्लतो।
नाकंटे आलस्यंगा लेचिन सूर्युडु
नड्स्ताडु किरणाल काळ्ळमीद
अन्नी नड्स्तुन्नायि
तमतम चुरुकु काळ्ळतो
आफीसुल्लो पड्कुने फैळ्ळु तप्प।

('रेक्कलु' से)

चाल

मैं चलता रहता तड़के प्रतिदिन
मेरे पीछे दौड़ा करते
गली, सड़क और पार्क।
लताएँ चलती हैं
घूमते हाथों से।
पेड़ चलते हैं
हवा में उड़ते थालों से।

मेरे बाद जाग कर सूरज
चलता है, किरणों के पैरों से।
सब चलते रहते हैं
अपनी अपनी तेज आँखों के बल पर।
तो फिर चाल कहाँ नहीं है?
दफ्तर में लेटी फाइलों में।

(अनु : भीमसेन 'निर्मल')

अवे प्रश्नलु

ऍंटुपोतुन्नदि देशं?
ऍन्निसार्लु अडगलि?
अड्डुगड्डुगुन अंटुकुने
अड्डुसुर्नेला कडगलि?

ऐदि असलु सरुको तेंलि
सिंदेपुडो अंदरिकी।
काकितोकलोन नेंमिलि
ईकलला तोंडगालि?

माटलतो अणगारु स
मस्यलु काविवि भाई!
नीरुगारु कोंगुलोन
निप्पुलला मुडवालि?

पगलंता सूर्युडिला
प्रवहिस्ता नोळ्ळु मरचि
शवंलांटि रात्रि ओक्क
क्षणं ऍलागडवालि?

चेरुकुने गम्यानिकि
गोरीकट्टिटन संगति
ई दारे चेबुतुंटे
इकेंदुकु नडवालि?

ई देहं कोत्त नेत्तु-
रेक्कनिदे कदलदनी,
निजंघोष पेडुतुंटे
नेनेंदुकु जडवालि?

('रेक्कलु' से)

प्रश्न और प्रश्न

किस ओर जा रहा देश?
पूछूँ कितनी बार?
बार-बार लगने वाली
कीचड़ को कहाँ तक पोंछूँ

असली माल का
पता लग गया सभी को,
कौए के परों में
मोर-पंख कैसे लगाऊँ?

बातों से हल होने वाली तो
ये समस्याएँ नहीं, भाई!
गीले आँचल में
अंगारों को कैसे बाँधूँ!

दिन भर
सूरज सम
देह भूल
बहता रहूँगा,
लाश-सम रात के
पल-भर समय को कैसे काटूँ?
यह रास्ता ही बता रहा
मंज़िल को दफ़नाया गया,
तो फिर
इस रास्ते पर क्यों चलूँ?

सच्चाई दुहाई दे रही
यह देह नये लहू के बग़ैर
चलेगी नहीं
तो मैं क्यों डरूं,?

(अनु : डॉ. भीमसेन 'निर्मल')

देशं ना कळ्ळललो

देशं आकाशंलो प्रजलु नक्षत्रालु।
नक्षत्राल्लागे प्रजलु
जरुपुकुंटारु सभलु।
प्रपंचशांतिचुट्टू प्रसंगाल प्रदक्षिणलु
नक्षत्रालमध्य उन्न अलीनविधान पथालपैन
कालुदुव्वे कारुमब्बुलु।
कुम्मुलाटल कुंभवृष्टिलो कोट्टुकुपोतारु
नक्षत्राल्लागे प्रजलु।

देशं पेरट्लो पक्षुल्ला प्रजलु।
गूळ्ळकु चेरे रेक्कलगुंडेलकु
गुरिपेट्टे किरायि वेटगाळ्ळु।
पेरट्लो कोम्म कोम्मकू गूडुगूडुकू
ओरुसुकुंटुन्न भयालु।
उंडि उंडि विसिरि कोडुतुन्न मृत्युवासनलु।
चारमीनारंत एत्तैन
समन्वय संस्कृति पंदिट्लो
कत्तिपोट्ल संतर्पणलु।
तलंता नोरु चेसुकुनि
सामरस्यान्नि एलुगेत्तिचाटे
शांति प्रकटनलु।
एन्त पिच्चिदि मूसी नदी
एप्पुडोगानी पोंगदु।
पोंगिनप्पुडल्ला शवाल अललु
नेत्तुरु मरकल बुरदनीळ्ळु।
एप्पुडु विरुगुतुंदी विषं?
नाटितो मुगिसि पोलेदा नौकाली दुःस्वप्नं?

देश मेरी आँखों में

देश-आकाश में प्रतिव्यक्ति है नक्षत्र!
नक्षत्रों के समान ही लोग
करते हैं सभाएँ।
विश्वशांति के चारों ओर भाषणों की परिक्रमाएँ।
नक्षत्रों के मध्य स्थित निरपेक्ष-विधान के पथों पर
घुमड़ रहीं घनघोर घटाएँ।
संघर्षों की मूसलधार वर्षा में बह जाएँगे
नक्षत्रों के समान ही लोग।

देश के आँगन में विहंगों-से लोग
नीडों पर पहुँचने वाले पंखों के सीनों पर
निशाना बाँधने वाले किराये के बहेलिये।
आँगन में डाल-डाल को, नीड-नीड को
छीलता हुआ भय।
रह-रह कर झोंका देने वाली मृत्युगंध।

चारमीनार -जैसी ऊँची
समन्वय-संस्कृति के वितान में
छुरियों की दावतें।
सारे सिर को मुँह बना
गला फाड़कर
सामंजस्य की घोषणा करने वाले
शान्ति के उद्घोष।

कितनी पगली है मूसी नदी!
उफन पड़ती है कभी-कभार
उफनती है जब कभी
लाशों की लहरें और खून-सा मैला पानी।
कब उतरेगा यह जहर?
समाप्त नहीं हुआ क्या अभी

पंडगनाडु देशं
गुंडेनु उतिकि तोडुकुकुंटुंदि।
वेळळमीद जपमाललु नडुस्तायि।
नोळळनिंडा ईश्वर अल्लालु मोलुस्तायि।
पिंडिवंटलकंटे कम्मनि आलोचनलु मेरुस्तायि।
पूट गडुस्तुंदि।
पुट मारुतुंदि
मळळी गुंडेकु मकिलि पडुतुंदि।
मतं मुसुगुलो मौढ्यं बुसकोडुतुंदि।

देशं कागितंलो
प्रांतालु अड्डगीट्लु।
गीट्ल गट्ल नडुम
भाषलु प्रवहिस्तायि गंगला, गौतमिला।
अवतलिमाट अंटुकुंटुदनि
इवतलि गट्टुकु उलिकि पाटु।
नीळळकुलेनि कुळळबुद्धि गट्टुकेंदुकुन्नट्टु?

श्वासलांटिदे भाष।
ओण्ट्लो पुडुतुंदि
ऊहलकु गांतुकलु चुडुतुंदि।
मनिषिनी नेलनू कलिपि कुडुतुंदि।
अक्षराल पर्वतालु पोंगिंचे
आवेशं भाष
अदि किंदिकि दूकुतूने
पैकि चिम्मुतुंदि विद्युत्तुला

अप्पुडप्पुडु देशंलो
रोड्लु उरुमुतायि प्रजल्लाग।
इरुकुवाडलु एँगुरुतायि पताकाल्लागा।
पायलु प्रवाहालौतायि।
प्रवाहालु प्रभंजनालौतायि।

नोआखाली का सपना?

त्यौहार के दिन
दिल को धोकर पहन लेता है देश।
उँगलियों पर मालाएँ फिरती हैं
मुँह भर उग आते हैं ईश्वर-अल्लाह
पकवानों से बढ़कर मीठे विचार चमक उठते हैं।
दिन गुजरता है
पन्ने पलट जाते हैं
फिर से दिल पर मैल चढ़ जाता है
धर्म के परदे में मूढ़ता फुफकारती है।

देश रूपी काग़ज़ पर
प्रदेश हैं आड़ी रेखाएँ।
रेखाओं की मेंड़ों के बीच
भाषाएँ होती हैं, गंगा-सी, गोदावरी-सी,
उधर की बात लग जाए इधर
तो इधर की मेंड़ चौंक पड़ती है।
जल में नहीं जो सड़ांध
कहो भला मेंड़ को कैसे?
साँस-सी है भाषा
शरीर में पैदा होती है,
कल्पनाओं को स्वर देती है
मानव और जमीन को मिलाकर सी देती है।
अक्षर-पर्वतों को उफनानेवाली
आवेग है भाषा।
वह नीचे की ओर कूदते-कूदते
ऊपर उठ जाती है विद्युत्-सी।

कभी-कभी देश में
बाज़ार गरजते हैं प्रजा के समान।
तंग मुहल्ले उड़ते हैं पताकाओं के समान।
नाले प्रवाह बन जाते हैं
प्रवाह प्रभंजन बन जाते हैं

तमाषा चूस्तुन्न लाठीलकु
तललो पुरुगु कदुलुतुंदि।
तुपाकुल्लो पडुकुन्न तूटालकु
दुरददुरद गा उंटुंदि।
जंडालु चिरिगिपोतायि।
प्रवाहाल तललु पगिलिपोतायि।
रोड्ल रोम्मुलकु चिल्लुलु पडतायि।
प्रवाहालनु मोसुकुनि
प्रभंजनालु निष्क्रमिस्तायि
विरिगिन नडुमुलतो।
मरुनाडे अतुक्कुंटायि विरिगिन नडुमुलु
चिरिगिन जेंडालु।
उरिकोस्तायि संदुलु ऊरेगिंपुल्लोकि
गुडिसेलु गुंपुल्लोकि
संतापं चेकुमुकि राइलो
संघर्षण भग्गुमंटुंदि।
पच्च जेंडालु हेच्चरिंचिना
पडि उंटायि रैळ्ळु कूले बराल्ला
कमिरि उंटायि बस्सुलु बोग्गुदिब्ब्ल्ला।
बावुरुमंटायि सिनिमा हाळ्ळु
बद्दलैन अद्दाल मुक्कल्ला।

तनइंट्लो जरिगे कोट्लाटलकु
तलबादुकुंटुंदि देशं।
वेदं निर्वेदान्नी
खुरानु निट्टूर्पुलनु
बैबिलु कन्नीळ्ळनू चूसि
बाध ओळ्ळो तलदाचुकुंटुंदि देशं।
देशानिकि तेलियादा?
तन चिगुळ्ळकु पट्टिन चीडपुरुगुल संगति
तन अस्तित्वान्नि कोरिकेस्तुन्न वेरुपुरुगुल संगति

तमाशा देखनेवाली लाठियों के
सिर में कीड़ा रेंगता है।
बंदूकों में सोई कारतूसों को
खुजली-सी लगती है।
पताकाएँ फट जाती हैं
प्रवाहों के सिर फूट जाते हैं।
सड़कों की छातियाँ छलनी हो जाती हैं।
प्रवाहों को ढोते हुए
प्रभंजन निकल जाते हैं
टूटी हुई कमरों के साथ।
पर दूसरे ही दिन जुड़ जाती हैं टूटी कमरें
औ' फटी पताकाएँ।
दौड़ आती हैं गलियाँ जुलूसों में
झोंपड़ियाँ भीड़ में।
शोक रूपी चकमक-पत्थर में
संघर्ष बल उठता है।
हरी झंडियों के चेतावनी देने पर भी
पड़ी रहती हैं रेलगाड़ियाँ, लाशों के समान।
भुनकर रह जाती हैं बसें, जैसे कोयले की ढेरी
रो उठते हैं सिनेमा-थियेटर
टूट गिरे काँच के टुकड़ों-जैसे।

अपने घर में होते कलहों को देख
सिर फोड़ लेता है देश।
वेद के निर्वेद को
कुरान की आहों को
देख बाइबिल (इंजील) के आँराुओं को
पीड़ा की गोद में मुँह छिपा लेता है देश।

क्या देश नहीं जानता
अपनी कोंपलों में लगे कीड़ों के बारे में
अपने अस्तित्व रूपी जड़ को नोच खाने वाले कीटों के बारे में?

तेलिसि तेलिसि तलुपुलु मूसुकुन्न देशमा!
वेलिकिरा! उन्नपाटुन उरिकिरा!
नीलोनि मट्टिनी मड्डिनी दुलिपेसि
नी नाभिनि कोरिके पुरुगुल्नि एरिपारेसि
कदिलिपो नूत्न चैतन्य दीक्षवै।
निलिचिपो प्रजाक्षेमरक्षवै।

('नडक ना तल्लि' से)

ओ जान-बूझकर किवाड़ बंद कर लेने वाले देश!

निकल आओ बाहर फौरन
धूल और मैल को धोकर
नाभि को खा जाने वाले कीड़ों को निकाल फेंको
बढ़े चलो, नूतन चैतन्य-दीक्षा बनकर,
जिये जाओ, जन-कल्याण-रक्षा बनकर।

(अनु : डॉ. भीमसेन 'निर्मल')

ऐन्निसार्लु चेंक्किते

ऐन्निसार्लु चेंक्किते ओशिल्पं
ऐन्निसार्लु तीर्चिते ओचित्रं
कबुर्लु चेप्पके ओ कालमा!
ऐन्निसार्लु चस्ते ओ जीवितं।

('नडक ना तल्लि' से)

तराशने पर कितनी बार

तराशें कितनी बार तो एक शिल्प
बनावें कितनी बार तो एक चित्र
अरे जमाने! मत कर बड़ी-बड़ी बातें!
मरें कितनी बार तो एक जीवन!

(अनु : डॉ भीमसेन 'निर्मल')

वरस मारुतुन्नदि

तरं मारुतुन्नदि—आ
स्वरं मारुतुन्नदि।
वंदे मातरंगीतं
वरस मारुतुन्नदि।

सुजल विमल कीर्तनलो
सुफलाशय वर्तनलो
जलंलेक फलंलेक
जनं एंडुतुन्नदि।

मलयज शीतल पदको-
मल भावन बागुन्ना,
कंटि कंटिलो तैंलियनि
मंट रगुलुतुन्नदि।

सस्य श्यामल विभव
स्तव गीतालापनलो
पैरु नोचुकोनि बीडु
नोरु तेरुस्तुन्नदि।

शुभ्र ज्योत्स्ना पुलकित
सुरुचिर यामिनुललोन
रंगु रंगु चीकट्ल गि-
राकि पैरुगुतुन्नदि।

फुल्लकुसुमित द्रुमदल
वल्लिका-मतल्लिकलकु
चिदिमि वेसिना त्रदलनि
चीड अंटुकुन्नदि।

सुर बदल रहा है

पीढ़ी बदल रही है,
पुराना सुर बदल रहा है,
वन्दे मातरम् गीत की
लय ही बदल रही है।

सुजल विमल के कीर्तन में,
सुफलाशय के वर्तन में,
न जल है, न फल ही
जनता तो सूखती जा रही है।

मलयज शीतल पद की
कोमल भावना तो ठीक है,
(पर) हर चितवन में
अज्ञात ज्वाला बल रही है।

सस्य श्यामल विभव के
स्तव के गीतालाप में,
जल सिंचन से वंचित बंजर में
दरारें पड़ती जा रही हैं।

शुभ्र-ज्योत्स्ना की
पुलकित सुरुचिर यामिनियों में,
रंग-बिरंगी कालिमा की
माँग बढ़ती जा रही है।

फुल्ल कुसुमित द्रुमदल की
वल्लिका-मतल्लिकाओं में
नोचे न नुचने वाली
जूएँ लगती जा रही हैं।

सुहास संपदलकेमि?
सुमधुर भाषणलकेमि?
मुसि मुसि नव्वुल माटुन
विषं मरुगुतुन्नदि।

प्रजा सुखम् तम सुखमनि
वरदानालिस्तुन्ना
ऍक्कड वेसिन गोंगडि
अक्कडने उन्नदि।

('नडक ना तल्लि' से)

सुहास सपदाओं की कहाँ कमी?
सुमधुर भाषणों की क्या कमी?
(पर) मंद-मुस्कानों की आड़ में
जहर उबलता आ रहा है।

प्रजा-सुख को अपना सुख बता
वर देते जावें
(पर) जहाँ रखा कंबल
वहीं पर पड़ा हुआ है।

(अनु : डॉ. भीमसेन'निर्मल')

कुरिसिन शिल्पालु

डाबा मीद पडुकुनि
चूपुल्नि पेलुस्तुन्नानु
ताराजुव्वल्ला।
अपरसंध्य चिम्मेसिन रंगुल्लो
आकाशं निंडा शिलाप्रतिमलु
पालराळ्ळ चेक्कडालु
इंद्रनीलाल कट्टडालु।
अंतर्जातीय चित्रशालल्लोनि
अनर्घ वर्ण वर्ण शिल्पालु।
आकाशमे ओक पेद्द म्यूजियं
अंदुलो प्रतिमेघं ओ शिल्पं।

तमचुट्टू नुन्ननुन्नगा तडिमे
ना चूपुल्नि चूसि
नव्वुकुन्नायि शिल्पालु।
आ नव्वुलो रक्तं तेलुपेक्किंदि।
काळ्ळू चेतुलू कट्टेसुकुन्न जडत्वं
उसूरुसूरुमंदि
उरुमुनु गोंतुलो नोक्कुकुनि,

''एंदुकु माकी सौंदर्य?
मा गुंडेल्लोनि अमृत भांडालकु

बरस पड़ीं जो शिल्पाकृतियाँ

छत पर लेटे-लेटे मैं
नज़रों की आतिशबाज़ी खेलता हूँ तो
पाता हूँ कि
फुलझड़ियों की तरह
पश्चिम की संध्या के फैलाए रंगों में
आकाश में सर्वत्र
असंख्य शिल्पाकृतियाँ अंकित हैं—
संगमरमर पर उत्कीर्ण चित्र
इन्द्रनील मणियों के सुन्दर मन्दिर
अन्तर्राष्ट्रीय चित्रशालाओं के
अनर्घ अनन्त वर्ण चित्र—
आकाश अपने आप में
एक बड़ी प्रदर्शनशाला है
जिसमें हर बादल
एक कला-खण्ड है।

चारों तरफ़ मचल-मचल कर
चलनेवाली नज़रों को देख कर
शिल्पाकृतियाँ
भीतर-ही-भीतर हँस पड़ती हैं
और उस हँसी में
लाल रुधिर सफ़ेद बन जाता है
घन-गर्जन को गले निगल कर
जड़ीभूत कर चरणों में गड़ कर
दुःख को पीकर हाय-हाय कर
मौन बन गयी जड़ता।

हमको यह सौन्दर्य किसलिए?
हृदयों के भीतर संस्तंभन

ఏందుకీ సంస్తంభనం?
ఒక్క నీటి చుక్క కోసం
ఊపిరుల చేతులెత్తి అరిచే ధరిత్రిని
తండివేళలతో తడమని మా అందమేందుకు?

ఆకాశమా!
ఏందుకీ రంగులు పూశావు?
మా నలుపును ఏం చేశావు?
ఏందుకు చేక్కావు మమ్మల్ని
ఇన్నిన్ని వంపులతో!
పచ్చికబయళ్ళలోని పసిజింకల్లా
స్వచ్ఛందంగా ఏగిరేమాకు
ప్రదర్శనశాల లేందుకు?
గాలికేమయిందీ? కదలదేం?
ఈ అద్దాలశాలను బద్దలుకొట్టి
మమ్మల్ని వేలికి లాగదేం?
చల్లని శ్వాసతో మా ఒంటిని తవ్వి
కుండలతో జలసుధను కుమ్మరించదేం?"

కలవరం ప్రశ్నలా లేచింది
కల్లోలం సమాధానంలా వీచింది।
మబ్బుల గొంతుల్లో ఉరుము విడుదలయింది।
రకరకాల రంగుల శిల్పాల్లో
నలుపు చోరబడింది మేరుపదాడిలా।

శిల్పాలు కదిలాఇ
జీవకణాలు కరిగాఇ
అందం అలుక్కుపోఇంది।
ఆకాశం అదృశ్యమయ్యింది।

अमृत के अक्षय पात्रों का–
यह क्यों?
पानी के लघु सीकर के हित
चिल्लाने वाली धरती को
गीली उँगलियों से सहलाने में असमर्थ
यह सारा सौन्दर्य क्यों?

आकाश!
ये रंगीन कुसुम तुमने क्यों दिये?
क्या किया तुमने हमारी कालिमा को?
क्यों इतना मोड़-मरोड़ दिया है हमको?
हम तो हिरण-बालिकाएँ हैं
हरियाली में स्वच्छन्द विचरना इष्ट हमें–
प्रदर्शिनियों से प्रयोजन क्या हमारा?
हवा को क्या हुआ? चलती क्यों नहीं?
शीशमहल को तोड़-ताड़ कर
हमको बाहर क्यों न छोड़ती?
ठण्डी साँसों से तन सहलाकर
सुधा घड़ों से क्यों न डालती?

प्रश्न बन उठा कोलाहल
उत्तर मिला उत्ताल तरंग
बन्धन-मुक्त हुआ घन-गर्जन
जलधर के अवरुद्ध कण्ठ से
रंग-बिरंगी शिल्पाकृतियाँ
काली बनती जा रही हैं
कालिमा घुस गयी
बिजली की नाई।

अब चल पड़ी हैं शिल्पाकृतियाँ
पिघल उठे हैं जीवों के कण
लिप्त हुआ लावण्य
नभ ओझल
कूद पड़ा साहस बटोर कर

आर्द्र हृदयं तैगिंचि दूकिंदि
वेय्यि जल्लुल काळळतो।
अवनीतलं गटगटा तागिंदि
आनंदं तोणिके कोटि कळळतो।

('नडक ना तल्लि' से)

आर्द्र हृदय अवनी पर फिर से
धरती ने पी लिया एकदम
एक घूँट में सारा जल
सहस्रधारा के चरणों से
कोटि-कोटि नयनों से
जिन में
छलक रहा था सघनानन्द।

(अनु : डॉ. पांडुरंग राव)

कागितं कागडा

टेबिल मीद कागितं कागडा
दिगबड्ड काळळतो चूस्तोंदि
अंटिंचे कलं कोसं।
मरुक्षणं आ कागडा वेंळिळपोतुंदि
चेतिवेळळतो चीकट्लनु तव्वुकुने
दिक्कुलेनि दिक्कुल्लोकि।
कागडा राकनु पसिकट्टिन चीकट्लु
बिगुसुकु पोतायि स्तंभाल्ला।
दिक्कुलु आर्तनादं विन्न कागडा
स्तंभाल्लो चोरबडि
सहस्र खण्डालुगा चील्चुकुनि
कुम्मुकोस्तुंदि अक्षराल गोळळु साचि।
अप्पुडे दिक्कुलु पाडुकुंटायि
नेत्तुरु वेलुगुल कोत्तपुटलै।

('नडक ना तल्लि' से)

कागज़-मशाल

टेबल पर कागज़-मशाल
धँसी टाँगों से वाट जोह रही
सुलगा देने वाली क़लम की।
सुलगते ही वह चली जाएगी
उँगलियों से अँधियारों को खोदने वाली
दिशाहीन (अनाथ) दिशाओं में।
मशाल के आगमन को
पहचानने वाले अन्धकार
सिकुड़ जाते हैं स्तम्भों में
दिशाओं के आर्तनाद को सुन कर
मशाल
स्तम्भों में पैठ जाती है
सहस्रखण्डों में चीर कर
अक्षर-नख फैला निकल पड़ती है।
तब
दिशाएँ गाती हैं
रुधिर-किरणों के नये पन्ने बन कर।

(अनु : डॉ भीमसेन 'निर्मल')

नदुलु

नदुलु राळ्ळमीद दोर्लुतुंटे
युगालु प्रतिध्वनिस्तायि।
उरिमे नुरगल्नि विंटुंटे
चरित्रलु पुष्पिस्तायि।
नदुलु चैतन्यनिधुलु।
प्रवहिंचडं तप्प
पंपिणी राजकीयालेरुगनि
परमभागवतुलु

नदुल नाल्कल मीद उंटायि
तिरगबडे स्वराल चिरुनामालु।
हक्कुल रेक्कलु कोट्टुकुंटे
रोड्लु नदुलवुतायि।
पिडिकिळ्ळलो पुट्टि नदुलु
जडत्वान्नि मंडिंचे ज्वाललवुतायि।

ना प्रतिनरं
ओक नदि।
ओक नयागरा श्रुति
अदि चमटपट्टिन उद्यमालकु
स्नान वाटिक।
गोंतुलेंडिन आशयालकु चलिवेंद्रं।
प्रति जीवनदि।
मूडु कालाल प्रतिनिधि।
आ नदि ओड्डु
आकाशं कनुगुड्डु।

('कालं अंचुमीद' से)

नदियाँ

नदियों के पत्थरों पर ढुलकने में
युग प्रतिध्वनित होते हैं।
गरजते फेनों को सुनने में
इतिहास खिल उठते हैं।
नदियाँ चेतना की निधियाँ हैं।
बहने के सिवा
बँटवारे की राजनीति से
अनभिज्ञ भलीमानस हैं।

नाचती हैं नदियों के जिह्वाग्रों पर
विद्रोही स्वरों की रागिनियाँ
हकों के पंखों के फड़कने पर
सड़कें ही नदियाँ बन जाती हैं।
मुट्ठियों में जन्मी नदियाँ ही
जड़ता को सुलगाने वाली ज्वालाएँ बन जाती हैं।

मेरी हरेक नस
एक नदी है।
एक न्यागरा की श्रुति है।
स्वेद-तप्त आंदोलनों का
वही घाट है।
गले-सूखे आदर्शों का जलाशय है।
हर प्राणदायिनी नदी
तीनों कालों की प्रतिनिधि है।
उस नदी का किनारा
आकाश की आँख की पुतली है।

(अनु : डॉ यार्लगड्डा लक्ष्मीप्रसाद)

ऍंतरक्तं तैलमैते

रूपायलु नाटिते
दीपालु मोलववु।
अज्ञानं मोलुस्तुंदि
अहंकारं मॅरुस्तुंदि।
वेळ्ळतो सेद्यं चेस्तेने
वेलुदीपाल पंटलु।
ऑरिगिन पैरुनु कबळिंचे
वरद वेल्लुवला;
सीता ज्योतिनि हरिंचे
पदितलल प्रभंजनालु।
काले प्रतिवत्ति ओक क्रीस्तु;
ओक महात्मुडु।
ऍंतरक्तं तैलमैते
आ ज्वलनं, आ गमनं
तल्लितीग प्रसविंचिन पुष्पं
तैलदीपं
प्रसरिंचिन कांति परिमलं
प्रसववेदननु मरिपिस्तुंदि।
पापल्ला प्रतिएडू
प्रभविंचे दीपालु।
आचारं ऑळ्ळो नाटिन
अभ्युदय स्तूपालु।

('कालं' अंचुमीद' से)

कितना रक्त तेल बन जाए

रुपये रोपें
तो दीप उग नहीं आते।
अज्ञान उग आएगा।
अहंकार ही चमक पड़ेगा।
जड़ों[1] से खेती करें
तो हजारों दीप-पर्व।
झुकी फसल को निगल जाने वाले
बाढ़ के प्रवाह-सा;
सीता-ज्योति का हरण करने वाले
दस सिर वाले प्रभंजन।
जलने वाली हर एक बत्ती है एक ईसा,
एक महात्मा।
कितना रक्त तेल बने तो
वह ज्वलन और वह गमन।
लता-माता के प्रसूत पुष्प हैं
तैलदीप्र।
प्रसरित कांति-परिमल
भुला देगी प्रसव वेदना को।
शिशुओं से प्रति वर्ष
प्रभावित होने वाले दीप
आचार (परंपरा) की गोद में बिठाए
अभ्युदय (प्रगति के) स्तूप।

(अनु. : डा. भीमसेन 'निर्मल')

---

1. मूल में 'वेळ्ळु' शब्द का प्रयोग है, जिसके दो अर्थ हैं : जड़ और उँगलियाँ

निद्रनुंचि जागृतिकि

कड़पु निंडिते कवित्वं रादंटारु
निजमे—निद्रोस्तुंदि
निद्र अंटुकुन्न कंटिरेप्पल्लो
मगत पातर वेस्तुंदि मतिनि
निद्राराक्षसनिंद कादिदि।
मनिषिकि निद्र अवसरं आहारंलागा।
नित्यं बोटनवेळ्ळपै निलिचे देशं निद्र पोकूडदु।
देशं निद्र पोते जातिकि सजीव समाधि।
रेंडु क्षणालमध्य रेप्पल्लो कुरिसे निद्र
तदुपरि जागृतिकि टानिक्।
मामूलुगा देशं निद्रपोदु
मंदुसोकिन विंदुलो तप्प।
मन देशानिकि अंदमैन बलहीनतलुन्नायि
मातृस्तन्य पारंपर्यंगा।
सुजलां सुफलां अनि भजिस्ते चालु
निजं निजं अंटू निप्पुल्लो दूकुतुंदि।
एवडितो चेप्पुकुनेदि एंडुबाबुल गति
पैपु नीळ्ळ एंडमावुल संगति।
कळ्ळु कासेपु विश्रमिस्ते फरवालेदु।
काल्वलु निद्रिस्ते
श्रीशैलं तलपॉलं दाटदु तेलुगुगंग।

निद्रा से जागृति की ओर

कहते हैं–
पेट भर जाता है तो...
कविता रफू चक्कर हो जाती है।
हाँ–यह सच है–
फिर पलकों की डोली पर...
निद्रा सवार हो जाती है!
तब निद्रा को चिपकाई पलकों में...
प्रसन्नता मति को गाड़ देती है!
यह तो निद्रा-राक्षस की निंदा नहीं है जी!
मानव के लिए निद्रा भी आवश्यक है–अन्न जैसे!
मगर निरंतर अँगूठों पर...
खड़े रहने वाले देश को तो नहीं सोना चाहिए न!
देश सो जाता है तो जाति (राष्ट्र) की सजीव समाधि हो जाती है!

दो क्षणों के बीच...पलकों पर बरसने वाली निद्रा
तदनंतर जागृति के लिए 'टॉनिक' है!

साधारणत : देश नहीं सोता–
मगर मदिरा-गर्भित दावत में निद्रा अवश्य आवत है!
हमारे देश की कुछ सुंदर कमजोरियाँ हैं।
मातृ-स्तन्य परंपरा में मिली हुई हैं!
'सुजलां सुफलां' की प्रशंसा फूट पड़ती है–
तो माता फूले न समाकर आग में भी कूद पड़ती है!
मगर मैं किस से कह लूँ?
सूखे कूपों के गलों की बढ़ती प्यास...
मृगतृष्णा बनने वाले नलों के जलों की खीस-टीस...
आँखें थोड़ी देर ऊँघें तो खतरा नहीं
मगर नहरें सो जातीं–तो फिर क्या कहना?
श्रीशैलं के प्रथम चरण को भी पार नहीं करती तेलुगु गंगा!

निद्र ओ भयंकरमैन अंटु व्याधि।
अदि कळळके कादु फैळळकू सोकुतुंटुंदि।
एडादि कितं वेसिन पुनादिरायि
इंका निद्रपोतूवुंटुंदि धूळिकंबळिनि कप्पुकुनि।
निर्वीर्यतकु नीरसावतारं निद्र
निर्लिप्पतकु नित्यालंकारं निद्र।
मंचुर्तरल मगतपोरल्नि तन्नुकुनि
संक्रांतिसूर्युडु श्वासला उदयिस्तुन्नप्पुडु
जारिपोतुंदि निद्र बोट्लु बोट्लुगा
ऊरेगुतुंदि जागृति जट्लु जट्लुगा।

('कालं अंचुमीद' से)

निद्रा एक भयंकर संक्रामक बीमारी है
वह आँखों तक ही नहीं–'फैक्स' तक भी फैल जाती है!
एक साल पहले गाड़ा हुआ नींव का पत्थर...
अब भी सो रहा है–धूल का कंबल ओढ़कर
निर्वीर्यता की सही मूर्ति है निद्रा!
निर्लिप्तता का नित्यालंकार है निद्रा!
प्रमत्तता की तहों के नीहार के परदों को फाड़कर
'संक्रांति-सूर्य' सांस जैसे जब आते उभर–
खिसक जाती है निद्रा दुम अपनी दबाकर
निकल आती है जुलूस में जागृति...
पल-पल को हल-फल बना कर!!

(अनु : डॉ. अन्नपुरेड्डी श्रीराम रेड्डी)

चिनुकु

आकाशं आशीस्सु चिनुकु
मब्बु ममकारं चिनुकु
चीलिन नेल पदवि पैन
चिरुनव्वु मुत्याल चिनुकु।

मोडुमुखान्नि चील्चे
मौदटिं चिगुरु चिनुकु
गोरी नैत्तिलो मौलिचे
पूरि गरिक चिनुकु।

मगतनु तागे कळ्ळलो
रगिले मरुपु चिनुकु
मंटल्नि उतुक्कुने गुंडे लो
मौनहासं चिनुकु।

सृष्टिचेतन दिद्दुकुन्न
श्रीकारं चिन्नुकु
ज्वलित प्रकृति रासुकुन्न
तौलिपलुकु चिनुकु।

('कालं अंचुमीद' से)

सीकर

आकाश का आसीस है सीकर
मेघ का ममकार है सीकर
दरार पड़ी जमीं के होंठ पर
मुस्कान मोती है सीकर।

ठूँठ के मुख को चीरने वाली
पहली कोंपल है सीकर
क़ब्र के सिर पर उग आने वाली
हरी घास है सीकर।

तंद्रा को पी जाने वाली आँखों में
भड़कने वाली चमक है सीकर
ज्वालाओं को धोने वाले हृदयों में
मौन हास है सीकर।

सृष्टि चेतना का लिखा
श्रीकार है सीकर
ज्वलित प्रकृति का लिखा
पहला बोल है सीकर।

(अनु : डॉ भीमसेन 'निर्मल')

सौदा 'मिनी' लु

(1) मध्यधरा समुद्रंलो मुनिगिन नौक
मा वाकिट्लो तेलिंदि
''अर्थमयिंदा अंतर्जातीय परिधि?''

(2) अक्षरं ना निधि
अंबरं ना अवधि।
समुद्रालु दाटोच्चिना
समाजं ना परिधि।

(3) कवी, आत्महत्य चेसुको,
नी कवित्वं
निट्टूर्पुल समाधि कट्टुकुंदि।

(4) जन्मिचे प्रतिप्राणिकी तप्पदुले मरणं
मनसुंटे प्रति मनिषिकी तप्पदुले मथनं।
काटेसे चीकट्लो कलवरपडिपोतू
कनुमूसे किरणानिकी तप्पदुले उदयं।

(5) सत्यान्नि अडिगानु
एमिटी एक्कडा अनि?
चेविलो विनिपिंचिंदि बरुवुग्गा
''पोलीसु लाकप्पुलो'' अनि।

क्षणिकाएँ

(1) मध्यधरा समुद्र में डूबी नौका
उभर आयी हमारे आँगन में।
समझे, यही है तात्पर्य
अंतर्राष्ट्रीय परिधि का।

(2) है अक्षर मेरी निधि
है अंबर मेरी अवधि
समुद्र पार कर आए (तो भी)
है समाज मेरी परिधि।

(3) कवि! कर लो आत्महत्या
(क्योंकि) कविता ने तुम्हारी
आहों की समाधि बना ली है।

(4) जनमने वाले हर जीव को अनिवार्य मरण
मन रखने वाले हर मानव को अनिवार्य मंथन
डँसने वाले तिमिर से बन परेशान
आँख मूँदने वाली किरण को अनिवार्य उदय।

(5) सत्य से पूछा
कैसे हो? कहाँ हो?
सहमी-सहमी आवाज़ सुनाई पड़ी कानों में
'पुलिस-लाकप' में।

(अनु : डॉ भीमसेन 'निर्मल')

तेलुगु गजलु-1

ऍवरेमनि तिडुतुन्ना ई वेषं बागुन्नदि
एंतगा दिगबडुतुन्ना ई देशं बागुन्नदि।

काळळु रेंडु विरिगिपोयि कदलनिगतिलोउन्ना
मुंदुकु सागंडि अने संदेशं बागुन्नदि।

अदिगो आकाशवाणि अंदिंचे तेनेपाट
इंकेंदुकु दिगुलय्या ईमासं बागुन्नदि।

ओंक्क दंड चालु गद्दैनेक्किन मेंड वंचुटकै
ऍवरो अंटे विन्ना ई मोसं बागुन्नदि।

एलिन वारन्नारट ऍक्कुवगा तिनवद्दनि
इंत कोंचमे अयिना ई ग्रासं बागुन्नदि।

निन्न-निन्न-रेपु रेपु नेटिपैने असलु चूपु
अंदिंदल्ला स्वाहा अवकाशं बागुन्नदि।

ओसि 'सिनारे' ऍंदुकु उद्वेगं नीकु? सरे
मंटल्लो चिक्कुकुन्न मधुमासं बागुन्नदि।

('तेलुगु गजल्लु' से)

तेलुगु ग़ज़ल

कोई कुछ भी क्यों न कहे, यह वेष तो अच्छा है
कितना भी धँसता क्यों न जावे, यह देश तो अच्छा है।

दोनों पैर टूटे हैं, आगे बढ़ने का हाल नहीं
फिर भी 'बढ़े चलो' का संदेश तो अच्छा है।

वह सुनो आकाशवाणी का मधुर गीत
अब चिंता काहे की? यह मास तो अच्छा है।

एक फूलमाला बस है, गद्दी पर बैठे सिर को झुकाने
किसी को कहते सुना है कि यह मोसम् (धोखा) तो अच्छा है।

शासकों ने कहा कि ज़्यादा मत खाओ
मुट्ठीभर का होने पर भी यह ग्रास तो अच्छा है।

बीता कल तो बीता, भावी कल भावी है
आज पर है असली नज़र,
जो हाथ लगा, स्वाहा कर जाने का
यह अवसर तो अच्छा है।

अरे 'सिनारे' उद्वेग क्यों तुझे? देख
शोलों में फँसा यह मधुमास तो अच्छा है।

(अनु : डॉ भीमसेन 'निर्मल')

तेलुगु गजलु-2

परुलकोसं पाटुपडनि नरुनि ब्रतुकु देनिकनि?
मूगनेलकु नीरंदिव्वनि वागुपरुगु देनिकनि?

तातलु तागिन नेतुल संगति नीतुलुगा पलिकैनु मन संस्कृति।
जल्लुकु निलवनि ऍंडकु आगनि चिल्लुल गोडुगु देनिकनि?

आदर्शालकु नोळळु चालवु, आशयालकु फैळलु चालवु।
पदपदमंटू पलुकुलेगानी, कदलनि अडुगु देनिकनि?

जलविद्युत्तुकु करुवे लेदु जनसंपत्तिकि कोरवेलेदु।
अवसरानिकि मीट नोक्किते अंदनि वैलुगु देनिकनि?

शिशुहृदयानिकि कल्ललु लेवु रसराज्यानिकि ऍल्ललु लेवु।
लोपलि नलुपु 'सिनारे' कु तैलुसु पैपै तोडुगु देनिकनि?

('तेलुगु गजल्लु' से)

तेलुगु ग़ज़ल

औरों के काम न आये
तो उस मानव के जीवन से क्या?
गूँगी धरती की प्यास न बुझाये
तो उस नदी की दौड़ का क्या?

पुरखों के शानो-शौकत का
दम भरता इतिहास
फुहार और धूप से बचा न सके
तो उस टपकते छाते से क्या?

आदर्शों की रटंत मुँह-भर
आशयों की भरमार फाइलों में
'बढ़-बढ़' कहते उकसाते नारे
फिर भी न हिलने वाले चरण से क्या?

पन-बिजली का अभाव नहीं
जन-शक्ति की कमी नहीं
ज़रूरत पड़े, बटन दबावें
तो न जलने वाले बल्ब से क्या?

शिशु के मन में झूठ नहीं
रसराज्य की सीमाएँ नहीं
मन की कालिख का आभास है 'सिनारे' को
तो तन की सफेदी से क्या?

(अनु : डॉ भीमसेन 'निर्मल')

तेलुगु गजलु–3

जनजीवन सागरमथनंलो कनिपिंचनि हालाहलमैंतो?
क्षणमैना आगनि ग्रहगतिलो विनिपिंचनि कोलाहलमैंतो?

वेलयालि सुखालनु कोल्लगोनी पुलकिंचे रसिकशिखामणुलू!
वेलकट्टरा आ कन्नुललो विलपिंचे गंगाजलमैंतो?

ई मौनं शवमनि निरसिंचे मतिमालिन माटलकेंगानी,
मरणं कबलिंचे ऊपिरिलो पोरलाडे झंझानिलंमैतो?

तानुन्नदि मूल्गेगदि अयिना तनकुन्नदि मुसिरे रोदलैना,
परमात्मुडु एंदुरै शासिस्ते प्रशिनिंचे मेधाबलमतो?

प्रतितोट वसते विडिदैना, प्रतिचोट प्रमोदं कोलुवैना,
तेंगिरालिन आशल मोसुल्लो तीर्ड्रिंचिन दावानलमैंतो?

ए मनसु पोरल्लो एमुंदो एनाडो 'सिनारे' कु तेलुसुले,
पडगेत्ते वंचनपैबडिते तोडगोट्टे बाधागलमैंतो?

(अप्रकाशित)

तेलुगु ग़ज़ल

जन-जीवन सागर-मंथन में
अप्रकटित हालाहल कितना?
क्षण भर बिन ठहरी ग्रहगति में
अप्रचलित कोलाहल कितना?
वार-वधू से मुदु भोग किए
पुलकित होने वाले रसिया!
कूता है क्या उन आँखों से
नित बहता गंगा जल कितना?
इस मौन को तुम कहते हो लाश!
छोड़ा इन बेतुक बातों को
हाँ, मृत्यु-निपीडित सांसों में
आक्रोशित झंझानिल कितना?
वह है घुटती कुटिया में सही
उसको घेरे हैं शोर कई
भगवान भी शासन करता जब
ललकारा मेधाबल कितना?
है हर उपवन वासन्त-शिविर,
है हर कण-कण उल्लास शिखर
नोचे हुए आशा-पल्लव में
मँडराता दावानल कितना?
किस मन की परतों में है क्या?
उनको तो 'सिनारे' जान चुका
फन खोले, फुफकारे वंचन
प्रतिरोधित बाधादल कितना?

(अनु : डॉ भीमसेन 'निर्मल')

(लंदन के ग्रेट रशियन पार्क में 15.5.87 के प्रातः छह बजे लिखी गई कविता का अनुवाद)

वीथि

तलुपु तेरिस्ते वीथि अद्दं लो मुखं ला
लेनि यिल्लु बोसिदि तृप्ति लेनि सुखं ला।
अड्सु पक्कलो वेल्लकिला पड्कुनि
आकाशान्नि पील्चुकुंटुंदि वीथि।
मल्ले पूल मागुडु वासनलनु वेमटलो मुंचि
ओळ्ळंता पुलुमुकुंटुंदि वीथि।
गुडिसे ओरलो पदुनु पेट्टुकोंटुन्न
खड्गस्वप्नं वीथि।
कालान्नि जिह्व अंचुकु गुच्चुकुन्न
कटिक निजं वीथि।
पल्लकीला प्रवहिंचे पेळ्ळियेरु वीथि
पाडेलनु दाटिचे पडवतेरु वीथि।
इप्पुडु चूसिन वीथिनं
ऍप्पटिकम्पुडु महाबोधि।
गज्जिकुक्क मूल्गुनु गडपगडपकु प्रसारं चेस्तुंदि वीथि।
बरितेगिन बंडरोदल दुमारालनं
किटिकील मुखाल मीद विसिरेस्तुंदि-वीथि।
वीथि लोनि अरुपुलन्नि वेवुल अभ्यर्थि ला।
वीथिनि सूदि-मंदुला ओंटि केक्किंचुकुंटे
कवातु चेस्तुंदि रक्तं प्रभातं ला।
इंटि समस्यलतो तलचिद्लियोते
वेदांत् पेट्टिटस्तुंदि वीथि।
बुर्लो दैन्यं शवंला वेलाड्तुंटे
भुजं तड्तुंदि वीथि।
वीथि नेस्तं
वीथि अभयहस्तं।

बाज़ार

किवाड़ खोलें तो बाज़ार, आइने में मुख-सा
बाज़ार, बिन मकान पोपला, तृप्ति-हीन सुख-सा।
दलदल के बिस्तर पर चित लेटकर
आकाश का पान करता है बाज़ार।
चमेली के फूलों की बासी सुगंध को
पसीने में डुबोकर
लीप लेता है सारे अंग पर बाज़ार।
कुटिया-म्यान में सान पर चढ़ता
खड्ग-स्वप्न है बाज़ार।
काल के जिह्वाग्र पर चुभोया
कटुसत्य है बाज़ार।
पालकी-सा प्रवहित बारात का प्रवाह है बाज़ार।
अर्थियों को पार पहुँचाने वाला नौका-रथ है बाज़ार।
अब देखा है जिस बाज़ार को
वह है सदा महाबोधि।
सड़ियल कुत्ते की कराह को दर-दर प्रसारित करता है बाज़ार।
हद से बढ़ी बेढंगी शोर गुल की बौछार को
खिड़कियों के मुख पर फेंक देता है बाज़ार।
बाज़ार की सारी चीख-पुकार कर्ण-मंच पर न चढ़े तो
ज़बान बेज़बाँ हो जाती है, हारे हुए उम्मीदवार-सा।
बाज़ार को इंजेक्शन-सा शरीर में भर लें तो
ख़ून क़दम बढ़ाता है प्रभात-सा।
घर की समस्याओं से फटा जा रहा हो सिर,
वैराग्य का लेप लगाता है बाज़ार।
दिमाग़ में लटक रहा हो शून्य, शव-सा
कंधे पर थपथपाता है बाज़ार।
बाज़ार है मित्र
बाज़ार है अभय-हस्त

आकलेस्ते वीथि दोसिलि
आग्रहिस्ते वीथि पिडिकिलि।
वीथिनि नडुमुकु चुट्टुकोनि नडुवु
वैय्यि वोल्टुल वेडि पुडुतुंदि।
वीथिनि गौंतुलो तौडुक्कुनि अरुवु
विश्वमे नीवैट पडुतुंदि।

('**कवित ना चिरुनामा**' से)

भूख लगे तो बाज़ार है अंजलि
क्रुद्ध हो जाए तो बाज़ार है मुट्ठी।
बाज़ार को कमर से बाँधकर चलो तो सही,
हज़ार वोल्ट की गरमी पैदा होगी।
बाज़ार को गले में पहन चीखो तो सही,
विश्व ही तुम्हारे पीछे चलेगा।
(अनु. डा. निर्मल)

(यहाँ 'बाजार' का अर्थ मार्केट नहीं है, सड़क या गली है।)

पेट्टेलु

ई पेट्ट तेरवकु
इंदुलो उन्नवन्नी कलल कळेबरालु
आकाशं मग्गंमीद नेसिन
अशरीर वस्त्रालु।
ई पेटटे तेरिस्ते प्रमादं
कळेबरालनु पूर्जिचे जाति
कंकाळाल जेंडालतो
पुच्चु पुरल हारति पकळ्ळालतो
स्वागतान्नि वेलिगिस्तुंदि
संदेंह लेदु
ई देशंलो इंका मिगिलिवुन्नायि
शवशक्तुलु।

आ पेट्ट तेरिचिचूडु
अंदुलो उन्न्वन्नी अक्षराला निजालु
गोतु नुनिमिना गुंडे आगनि
मंडे वास्तवालु।
आ पेट्ट तेरिस्ते प्रयोजनं

पेटियाँ

खोल मत इस पेटी को,
धरे पड़े हैं इसमें
सपनों के कंकाल सभी
औ,
आकाश-रूपी करघे पर
बुने गए
वायवी वस्त्र।
खोलने में पेटी के खतरा ही खतरा है।
लाशों को पूजने वाली जाति
झंडियाँ लेकर कंकालों की,
गले सड़े रुंडों की
आरती की थालियाँ सजाकर
स्वागत के दीप जलाएगी।
नहीं है संदेह तनिक भी
बची हुई हैं अभी इस देश में
शवशक्तियाँ।

हाँ, खोलकर देख ले इस पेटी को
भरे पड़े हैं इसमें
अक्षर सत्य सभी
घोंट देने पर भी गला
दिल की धड़कनें थमती नहीं
(ऐसी) प्रज्वलित सच्चाइयाँ हैं।
इस पेटी को खोलने पर
बनेगा कुछ प्रयोजन।

निजालनु प्रेमिचे जाति
निंगिनि कुम्मे पिडिकिळळतो
निस्तब्धतनु चीलूचे निनादालतो
चैतन्यान्नि वर्षिस्तुंदि।
संदेहं लेदु।
ई देशंलो इंका उप्पोंगुतुन्नायि
उद्यमशक्तुलु।

('कविता ना चिरुनामा' से)

सच्चाइयों को पूजने वाली जाति
नभ को घूँसा मारने वाली मुट्ठियाँ लेकर
निस्तब्धता को चीर फाड़ने वाले नारे लगाकर
बरसाती है चैतन्य को।
नहीं संदेह तनिक भी।
उमड़ रही हैं अभी इस देश में
पुरुषार्थ–शक्तियाँ।

(अनु. डॉ. भीमसेन 'निर्मल')

प्रपंचपदुलु

1. स्वप्नं

जगति कंटिकि ऊहकंदनि गगन मौक स्वप्नं
वित्तुकंटिकि वेयिनिलुवुल वृक्षमौक स्वप्नं
स्वप्नवासनलेनि शाश्वतसत्यमुंटुंदा?
चिनुकु कंटिकि नुरगलत सिंधुवाक स्वप्नं
कलं कंटिकि नोटिकेक्के ग्रंथमौक स्वप्नं।

2. मौनं

माटल कोटलु कूल्चे बाणं मौनं
मनिषिकि मननं नेर्पे ज्ञानं मौनं
मौनं लोतुलु माटलकंदवु लेवोयि
मगतल पारलनु चील्चे मथनं मौनं
मनसुकु वेलुगुनु जूपे नयनं मौनं।

3. पदवि

प्लास्टिक पुव्वुकु कूडा परिमळमिस्तुंदि पदवि
अष्टावक्रुडिकैना अंदं तेस्तुंदि पदवि
अधिकारं पूनुकुंट अंदलालकेमि कारत!
बट्टतलकुकूडा जुलपालु मुडुस्तुंदि पदवि
पेडिवाडिकैन वीरपीठं वेस्तुंदि पदवि।

प्रपंच-पदियाँ

(रुबाई में थोड़ा परिवर्तन कर, पंचपदियों की रचना करने का नूतन प्रयोग किया है रेड्डी जी ने। रुबाई में चार चरण होते हैं; पहले, दूसरे और चौथे चरण में तुक मिलाया जाता है। पंच- पदी के पाँच चरण हैं। इनमें पहले, दूसरे, चौथे और पाँचवें चरण में तुक मिलाया गया है। तेलुगु में लोक या संसार को 'प्रपंच' कहते हैं। लोक-व्यवहार का चित्रण करने वाले ये पद्य 'प्रपंच-पदी' कहे गये हैं। रेड्डी जी ने इस शैली में 108 प्रपंच-पदियाँ लिखी हैं।)

1. **स्वप्न**

सृष्टि के दृग में अनूदित गगन ही एक स्वप्न है
बीज के दृग में समुन्नत वृक्ष ही एक स्वप्न है
स्वप्न का वासना-विरहित सत्य होता है कहाँ?
बूँद के दृग में समुद्धत जलधि ही एक स्वप्न है
लेखनी-हक में मुखांचित ग्रंथ ही एक स्वप्न है।

2. **मौन**

शब्द-दुर्ग को बेधने वाला बाण मौन है
नर को मनन प्रबोधने वाला ज्ञान मौन है
शब्द कहाँ से छू पाएँगे अगाध मौन को?
तन्द्रा को उन्मूलने वाला मथन मौन है
मानस को उद्दीपने वाला नयन मौन है।

3. **पद**

प्लास्टिक-फूलों को भी परिमल देता है पद
अष्टावक्र ही सही,रुचिर बनाता है पद
अधिकार यदि चाहे, क्या कमी है पालकियों की?
गंजे सिर को भी अलकों से भरता है पद
हिजड़े को भी वीरमहासन धरता है पद।

4. प्रश्न

तर्क समुद्रालीदिन ज्ञानिकि तन मनसे आँक प्रश्न
जननहेतुनु मथिचिन मौनिकि तन तनुवे आँक प्रश्न
तनके प्रश्नलेवंटे आ मनिषिनैला नम्मेदि?
जन-वाहिनि नडिपिचे वानिकि तन नडके आंक प्रश्न
दैवगतिनि प्रवचिंचे ध्यानिकि तन ब्रतुके आंक प्रश्न

5. **मर्म**

मनसु तेलुसुकुन्नवाडु मर्मज्ञुडु
तननु तलुसुकुन्नवाडु तत्वज्ञुडु
अच्चमैन अति तलिविकि अवधुलेवि?
असलु तलियदन्नवाडु आत्मज्ञुडु
अन्नि तलुसुनन्नवाडु अल्पज्ञुडु।

('**प्रपंचपदुलु**' से)

प्रश्न

तर्क-जलधि वाले को अपना मन ही प्रश्न है
जन्म-मूल मथनेवाले को अपना तन ही प्रश्न है
कहता जो कोई प्रश्न नहीं, उसपर किसे भरोसा?
जनगति को रचने वाले को अपनी गति ही प्रश्न है
विधि-लिपि को पढ़ने वाले को अपनी स्थिति ही प्रश्न है।

मर्म

मन को पहचानने वाला ही मर्मज्ञ है
अपने को जान ने वाला ही तत्त्वज्ञ है
स्वच्छ सरल ज्ञान की सीमाएँ होंगी कहाँ?
कहता जो अज्ञ हूँ मैं, वो ही आत्मज्ञ है
खुद को सर्वज्ञ कहा जिसने, वो ही अल्पज्ञ है।

(अनु: सिनारे, निर्मल और चक्रवर्ती)

परिशिष्ट

डा० नारायण रेड्डी के संग कुछ मुखरित क्षण

रुक्माजी 'अमर'

सजग साहित्यकार समाज का अभिन्न अंग ही नहीं अपितु वह समाज का सशक्त स्तंभ भी होता है। वह अपनी कृतियों द्वारा एक ऐसी आधारशिला संस्थापित करता है, जिस पर आगे चलकर एक आलीशान इमारत खड़ी की जा सकती है। यह क़लम का सिपहसालार एक के पश्चात् एक अमूल्य ग्रंथ रचता ही चला आ रहा है। सन् १९६८ से १९८३ तक की पन्द्रह वर्षों की अवधि में इनकी १६ काव्य कृतियाँ प्रकाशित हुईं। इनकी क़लम की धार की रफ्तार शायद ही कभी धीमी होगी। लिखने की लगन व ललक अंतिम साँस तक ज़ारी रहेगी। कदाचित् सर्जनात्मकता व क्रियाशीलता इनके जीवन का लक्ष्य बन गया है। यह सरस्वती का आराधक अपनी अंजलि में सुमन संचित कर अपनी आराध्य देवी को समर्पित करता ही चला आ रहा है। न कोई दावा, न कोई वादा, अनवरत लिखते रहना ही मानो इस महारथी की अपनी स्वीकृत मर्यादा है। इनके पास इतनी विपुल ज्ञानराशि का संग्रह है कि भावी पीढ़ी के मार्गदर्शक बनकर वे प्रगति के पथ पर अग्रसर होते हुए सहज ही अपने संचित कोष से ज्ञान वितरित करते ही चले आ रहे हैं।

करीब एक दर्जन व्यक्ति श्री सि.ना. रेड्डी से भेंट की प्रतीक्षा में बैठे हुए थे। बुलावा होते ही मैं उनके कक्ष में पहुँच गया। मैं प्रवेश कर ही रहा था.....

रेड्डी : आइए अमर जी, तशरीफ़ रखिए। आप मद्रास से आये हैं न?

मैं : जी हाँ, आज सवेरे आया और अब कीमती वक़्त दरख़ास्त करने आपकी ख़िदमत में हाज़िर हुआ हूँ।

प्रश्न : आपने अब तक कितने सिने गीत लिखे हैं?

उत्तर : तीन हज़ार से ज़्यादा ही। जब से विश्वविद्यालय का भार वहन किया है तब से गिनती करना छोड़ दिया है। हो सकता है तीन-चार सौ और लिखे होंगे मैंने।

प्रश्न : इसके अतिरिक्त आपने और क्या-क्या लिखा है?

उत्तर : रेडियो नाटक, गीति रूपक, वचन रूपक, रुबाइयाँ, समीक्षा, यात्रा, संस्मरण, गीति नाट्य, गीति काव्य, खण्ड काव्य, मुक्त छंद काव्य। कुल ४० से ज़्यादा प्रकाशित हैं।

प्रश्न : आपने किन-किन देशों का भ्रमण किया है?

उत्तर : मैंने विलायत, रूस, अमेरिका, मलेशिया, सिंगापुर आदि देशों का सफ़र किया है। उन मुलकों की यात्रा के क्षण अविस्मरणीय हैं। उन अविस्मरणीय क्षणों को मैंने लिपिबद्ध करने का प्रयास किया है। वे यात्रा वृत्तान्त मनोरंजक बन पड़े हैं। शिक्षा के क्षेत्र में उनका एक विशेष स्थान है।

प्रश्न : असफल कवि आलोचक बन बैठता है– इस उक्ति से आप कहाँ तक सहमत हैं।

उत्तर : इससे मैं सहमत नहीं हूँ। कविता के साथ-साथ साहित्यिक आलोचना में भी मेरी समान रूप से रुचि है। "आधुनिक तेलुगु कविता में परम्परा एवं प्रयोग" मेरा शोध ग्रंथ है। इस ग्रंथ के सम्बन्ध में समीक्षकों का कथन है कि काव्य के अध्ययन की दिशा में यह ग्रंथ नव पथ और नव आयाम खोलने की सामर्थ्य रखता है। इस शोध ग्रंथ को तैयार करने के लिए मुझे काफी परिश्रम करना पड़ा है। लोक गीतों के गीतकारों द्वारा प्रयुक्त छंद, नये अनुप्रास अलंकार आदि को खोजकर उनका विश्लेषण भी मैंने प्रस्तुत किया है। इस बीच वेटपाल्यम के पुस्तकालय में पहुँचकर लाभ उठाया। मैं शोध करना पसंद करता हूँ। परन्तु कविता मेरी अत्यंत प्रिय विद्या है। उस्मानिया विश्वविद्यालय में जब मैं प्राचार्य था तब मैंने कई शोधार्थियों का मार्गदर्शन किया। पोरंकी दक्षिणामूर्ति के तेलुगु लघुकथा शोध ग्रंथ का मार्गदर्शक रहने

का मुझे गौरव प्राप्त हुआ है जो बोलचाल की (व्यावहारिक) भाषा में लिखा गया है। मैंने कई पुस्तकों की भूमिका भी लिखी है। उनमें कुछ तो काव्यमयी भाषा में लिखा है।

प्रश्न : क्या आपने निबंध लिखने का प्रयास किया है?

उत्तर : मैं कक्षा में पूरी तैयारी के साथ जाया करताथा। अगर उन्हें टेप कर लेता या प्रकाशित करता तो आज वे उम्दा व स्तरीय साहित्यिक निबंध साबित होते। दूसरी बात यह है कि मैं निरंतर कार्यशिविरों में भाग लिया करता था। इसके कारण नवलेखन पर भी मेरी नज़र रहती और मैं उसकी प्रगति से भी अवगत रहता।

प्रश्न : कालान्तर में आपके काव्य में शिल्प, बिम्ब विधान, लय, अनुप्रास आदि को लेकर पर्याप्त परिवर्तन दृष्टिगोचर हुआ है। इस सम्बन्ध में आपका क्या मत है?

उत्तर : यह सर्वथा सत्य है। मेरी शैली व शब्द चयन में परिवर्तन अवश्य आया है। पहले शब्द चयन व चमत्कार आदि के प्रति मेरा मोह अधिक रहा। यह सब मैं काव्य में चमत्कार लाने के इरादे से किया करता था। अन्य कवियों से भिन्न दीखने तथा साहित्य-जगत् में अपने लिए एक विशेष स्थान प्राप्त करने के उद्देश्य से ही ऐसा किया करता था। तत्पश्चात् मुझे अनुभव हुआ कि केवलमात्र द्वार ही घर नहीं, अपितु उससे भी बढ़कर दर्शाना है। उसी प्रकार शब्दों का हेरफेर व शब्दों पर अधिकार मात्र कविता नहीं, कविता इससे भी भिन्न महत्त्वपूर्ण वस्तु है। एतदर्थ मैं विभिन्न शैलियों की ओर प्रवृत्त हुआ।

जाषुआ पर मैंने जो शोधकार्य किया है, उसमें करुण-वीर शब्द प्रयोग पर मैं आज भी गर्व का अनुभव कर रहा हूँ। वास्तव में यह एक अद्वितीय संयुक्त शब्द है। आरंभ में जाषुआ के काव्य का करुण रस अन्ततोगत्वा वीर रस में परिणत हो जाता है। यहीं पर इस शब्द की सुन्दरता की आनन्दाभूति होती है।

प्रश्न : करुण-वीर शब्द के लिए आप अपने को उत्तरदायी मानते हैं। अवश्य ही यह स्पृहणीय विषय है। काव्य-क्षेत्र में नये शिल्प, नये प्रयोग, नये आयाम, नये प्रतिमान स्थापित करने के विषय पर भी प्रकाश डालने का प्रयास कीजिए।

उत्तर : हाल ही में मेरी १०८ रुबाइयों (पंचपदी) का उत्कृष्ट संकलन प्रकाशित हुआ है। आपने उमर ख़य्याम की रुबाइयों का रसपान किया ही होगा। रुबाई में चार पंक्तियाँ हुआ करती हैं, जबकि

मेरी तेलुगु रुबाई में पाँच पंक्तियाँ हैं। (सहसा तेलुगु रुबाई शायराना लहजे में सुनाने लगे। साथ ही उसका हिंदी अनुवाद भी प्रस्तुत किया।) मैंने तेलुगु कविता में ग़ज़ल को एक विशिष्ट स्थान दिलाने का प्रयास किया है। इस दिशा में मेरे सहयात्री दासरथी जी का प्रयत्न भी स्तुत्य है। मैंने परंपरा को तिलांजलि देने का कभी दुस्साहस नहीं किया है। परंपरा को आधार बनाकर नूतन प्रयोगों के द्वारा प्रचलित काव्य-रूपों को एक नया मनमोहक रूपाकार प्रदान किया है। कविता में माधुर्य एवं गेयता पर मैंने अधिक ज़ोर दियाहै। प्रबुद्ध आलोचकों का कथन है कि मेरी कविता में गीतात्मक स्वच्छंदतावाद, प्रगतिशील आशावाद, मानवीय आदर्शवाद तथा स्वस्थ यथार्थवाद का आकर्षक व सम्यक् मिश्रण है। इसी कारण तेलुगु काव्य-जगत् में मेरे काव्य को आशाजनक मान्यता प्राप्त हुई है। शिल्प के स्तर पर भी मैंने तेलुगु कविता को समृद्ध करने का सायास प्रयत्न किया है।

प्रश्न : तेलुगु में ग़ज़ल लिखने की प्रेरणा आपको किससे मिली?

उत्तर : देखिए अमर जी! मैं उर्दू का समर्थक व प्रशंसक हूँ। मेरी सम्पूर्ण शिक्षा उर्दू में सम्पन्न हुई। मिर्ज़ा ग़ालिब तथा मेहदी हसन की ग़ज़लों ने मुझे बेहद आकर्षित किया, मोह लिया। मैंने उर्दू ग़ज़लों के छंद, तुक-टेक में किंचित् तोड़-फोड़ व जोड़कर ग़ज़लें लिखकर उन्हें तेलुगु ग़ज़ल का नाम दिया। ग़ज़ल एक सीमित विधा होते हुए भी आपकी कल्पना की उड़ान की परीक्षा करती है। मुझे राग-रगिनियों का ज्ञान है और मैं उन्हें गा भी लेता हूँ, इससे बढ़कर मैं संगीत का अन्योन्य रसिक भी हूँ।

मेरे तेलुगु ग़ज़लों के पाँच हज़ार केसेट्स तैयार हुए हैं। इसमें मेरी ३५-४० ग़ज़लें हैं। उनमें छह ग़ज़लें स्वयं मैंने गायी हैं।

प्रश्न : आपकी प्रारंभिक रचनाएँ कौन सी हैं?

उत्तर : आरंभ में मैंने गेय नाटक (गीति नाटक, Ballets) लिखे क्योंकि उस समय कुछ भिन्न व नया लिखने की धुन सवार थी। जब मैं इंटर मीडिएट का छात्र था तब मैंने 'अजंता सुन्दरी' का सृजन किया। इसमें प्रगतिशील विचारधारा प्रतिपादित हुई है। एम.ए. के अंतिम वर्ष में नव्वनि पुव्वु' (अविकसित पुष्प) लिखा। परन्तु सन् १९५५ में मैंने अपने आपसे प्रश्न किया—अरे, मैं यह क्या लिख रहा हूँ? मेरी विशेषता आखिर क्या है? एक बार मेरे मित्र श्री रामलिंगम जी ने नागार्जुन पर्वत

तथा इक्ष्वाकु वंश के इतिहास का हवाला दिया। बस इसी से प्रेरणा ग्रहण कर मैंने 'नागार्जुन सागरम्' लिखा। मैंने अपनी कल्पना के घोड़े खूब दौड़ाये। मैंने ऐसे महान् चरित्रनायकों का निर्माण किया है जो प्रेम और धर्म-सम्प्रदाय के विषय को लेकर परस्पर मुठभेड़ व संघर्ष करने के लिए उतावले हो उठे। मेरे लिए प्रेम एक अमूल्य वस्तु है और उसे मैंने अपनी कृतियों में भलीभाँति प्रदर्शित करने का भरसक प्रयत्न किया है। 'कर्पूर वसन्त रायलु' एक प्रगतिशील काव्य कृति है, जो रोमांस व प्रेम पर आधारित है। पद्यकाव्य मेरे लिए एक अत्यंत महत्वपूर्ण वस्तु है। इस दिशा में 'विश्वनाथ नायकुडु' एक निराला व उत्कृष्ट प्रयोग है। श्री दिवाकर्ल वेंकटावधानी एवं अन्य विद्वान भी मेरे इस अभिमत से सहमत हैं। जो कुछ भी हो, बार-बार मैं अपने आपसे सवाल कर बैठता हूँ– मैं क्यों लिखूँ? इससे मुझे कोई तृप्ति तो नहीं हो रही है।

प्रश्न : क्या आपकी रचनाएँ किसी से प्रभावित हुई हैं?

उत्तर : फिल्मी गीतकार व शायर साहिर लुधियानवी का नाम आपने सुना होगा। वे मेरे परम मित्र–जिगरी दोस्त हैं। हो सकता है कि अनजाने में ही मैं उनकी प्रतिभा से प्रभावित हुआ होऊँ। मैं उनका प्रशंसक हूँ और उनकी क़लम का कायल भी हूँ। हम दोनों दोस्तों में अनेक समानताएँ दृष्टिगोचर होंगी। हम दोनों के गीत लगभग एक समान हैं। इनके अतिरिक्त शायद ही किसी और ने मुझे प्रेरित या प्रभावित किया हो। मेरी अपनी निजी आन्तरिक प्रतिभा है, गुण है। मेरे रक्त में, मेरे हृदय में, मेरे मन-मस्तिष्क में, मेरे रोम-रोम में लय है, लहर है, उमंग और तरंग है।

प्रश्न : वर्तमान युवा पीढ़ी के कवियों में कोई जागरूक व प्रतिभाशाली कवि हैं?

उत्तर : क्यों नहीं? तक़रीबन बीस ऐसे कवि आपको मिल ही जायेंगे जिनकी रचनाएँ नयी सूझबूझ तथा नयी विचारधारा से परिपक्व हैं। मगर यह देखने में आ रहा है कि इधर ज़्यादातर कवि सस्ती, हल्की-फुल्की, अश्लील और गवेषणात्मक कविता लिखने में अपनी शक्ति का अपव्यय कर रहे हैं। सच पूछा जाए तो आजकल तेलुगु कविता में अस्पष्टता की भरमार है। मैंने अब तक जनसमुदाय के लिए काफ़ी लिखा है। ऐसे भी, आज भी हर हफ्ते मैं कम से कम एक कविता

लिख ही लिया करता हूँ।

प्रश्न : आपकी 'भूमिका' काव्य कृति की काफ़ी चर्चा रही। उसी प्रकार 'विश्वंभरा' एवं 'मंटलु मानवुडू' भी विशेष रूप से उल्लेखनीय है। क्या आप बता सकते हैं कि 'भूमिका' काव्य कृति की क्या विशेषता है?

उत्तर : इस कृति की सबसे बड़ी विशेषता इसकी विरली बिम्ब योजना ही है। आदम, हव्वा, सुकरात, सिकन्दर आदि का नामोल्लेख किये बिना ही मैंने बिम्ब विधान द्वारा इनका चरित्र-चित्रण प्रस्तुत किया है। असल में मानव जीवन की गाथा, दुःख-संकट, विघ्न-बाधाओं से संघर्ष एवं उसकी सफलता का ब्यौरा भी 'भूमिका' में है। मनुष्य जीवन की राह में चलता-चलता कभी न कभी गिर पड़ता है, पर सँभलकर उठता है। मनुष्य फिसलता है तो संभलकर सीधे चल भी सकता है। आदि से अंत तक अबाध गति से प्रवाहित होने वाली इस भावधारा में मैंने यह बताने का प्रयास किया है कि गति ही जीवन है और प्रगति ही जीवन की सफलता व उपलब्धि है।

'विश्वंभरा' को काव्य-जगत में प्रशस्ति मिली है तो मेरी दूसरी उल्लेखनीय कृति 'मंटलु मानवुडू' पर सन् १९७४ का साहित्य अकादेमी का पुरस्कार प्राप्त हुआ है।

प्रश्न : क्या आपने अंतर्राष्ट्रीय ख्याति प्राप्त पं. जवाहर लाल नेहरू पर भी लिखा है?

उत्तर : मैं पहले ही कह चुका हूँ कि इतना सब कुछ लिखने के पश्चात् भी मुझे तृप्ति नहीं हो पा रही है। एक ही प्रकार के ढर्रे से थोड़ी हटकर अपनी क़लम चलाने का प्रयास किया। इसलिए पं. नेहरू पर लिखना शुरू किया। मैं पं. नेहरू का अनुयायी जो ठहरा। लोगों का कथन है कि पं. नेहरू स्वप्न द्रष्टा थे। मेरी अपनी निजी दृष्टि में हर शिल्पी का स्वप्न द्रष्टा होना आवश्यक है। अपनी कृतियों द्वारा मैंने नेहरू की विचारधारा का समर्थन किया है। मैं किसी भी विषय व व्यक्ति पर, भले वह कितना भी बड़ा क्यों न हो, निर्भीकता से अपना अभिमत, प्रकट करने में कभी आनाकानी नहीं किया करता।

प्रश्न : सुना है आप वामपंथी साहित्यिक संस्था अरासम से सम्बद्ध हैं। यह संस्था साम्यवादियों द्वारा संचालित है। वे लोग लेखकों पर अधिकार जताते हैं।

आपकी उन प्रगतिशील लेखकों के साथ कैसे पट रही है?

उत्तर : आपने ठीक ही सुना है। यह बात सच है कि मैं अरासम से बहुत निकट से सम्बद्ध हूँ। मैं इसमें गौरव का अनुभव करता हूँ। वहाँ अरासम के पदाधिकारी या कोई साम्यवादी मुझ पर अधिकार नहीं जताते। और न ही कोई निश्चित व निर्धारित रीति से लिखने के लिए मुझ पर दबाव डालते हैं। यह ऐसे हुआ कि साम्यवादी दल से मेरे कुछ विचार मेल खाते हैं। इसमें कोई दोष नहीं। आज भी मैं अरासम से सम्बद्ध हूँ। आप देख ही रहे हैं कि रूस और चीन में कितना परिवर्तन आ रहा है। उन साम्यवादी राष्ट्रों ने परिवर्तन की आवश्यकता को महसूस किया। उन्होंने लौहपट को तिलांजलि दे दी। वे देश अब नये विचारों का स्वागत कर रहे हैं। कब तक इस प्रकार दुनिया से कटकर अलग रह सकते हैं। हर वस्तु में अच्छाई और बुराई का होना स्वाभाविक है। वेदों में वर्णव्यवस्था के विरूद्ध कुछ नहीं कहा गया है। उसी प्रकार पुराणों मे भी दोष-अदोष दोनों समाहित हैं। उनके अनुसार परिवार की डोर कभी न टूटे। स्नेहिल सम्बन्ध निरंतर शाश्वत रहे। शान्तनु, सत्यवती एवं भीष्म का ज्वलंत प्रमाण हमारे सम्मुख उपस्थित है। परन्तु आज लोग इन विचारों की परवाह नहीं करते। आज हम परिवार नियोजन योजना खुशी से स्वीकार करते हैं।

प्रश्न : क्या आपको कभी अपने बचपन की यादें सताया करती हैं?

उत्तर : मेरे माता-पिता साधारण कोटि के थे। मेरी माँ की आवाज़ बड़ी सुरीली थी। मेरे पिता मल्ल रेड्डी तेलुगु लिख सकते थे। मैं पाठशाला जाकर पढ़ना पसंद करता था। यद्यपि मेरी माँ मुझे प्रोत्साहित किया करती थी, मेरे पिता जी को छड़ी पर ज़्यादा एतबार था। वे नहीं चाहते थे कि मैं पाठशाला जाऊँ और पढ़ूँ। किसी तरह तीसरे दर्जे तक मैंने गली की पाठशाला में अध्ययन किया और सिरसिल्ला ज़ाकर चौथी कक्षा में शामिल हो गया। बचपन की एक घटना आज भी मुझे अच्छी तरह याद है। एक बार जब मेरे बाप ने पाठशाला जाने पर आपत्ति उठायी तो मैं इतना निराश-उदास, हतोत्साहित व क्रोधित हुआ कि नज़दीक के एक तालाब में कूदकर मैंने आत्महत्या करने की ठानी। मगर संयोग से उधर से गुजरने वाले एक ग्रामवासी ने मेरे प्राण बचाये। मेरे सहपाठी, मेरे बचपन के संगी-साथी आज ऊँचे पदों को सुशोभित कर रहे हैं। मैं पहला व्यक्ति हूँ– उपाधि

तक की शिक्षा पूरी करने के लिए अनेक ग्रामों की धूल छानने की ज़रूरत आ पड़ी।

मैं नाडिया की फ़िल्में देखना पसंद करता था। मैंने बालनागम्मा और मुग्गुल मराठीलु (नीन मराठी) फ़िल्म दस-दस बार देखीं। वीथी भगोतम, हरि कथाने मुझे बहुत प्रभावित किया है। यही कारण है कि मेरे फिल्मों के पल्लवियों पर लोकगीतों का प्रभाव साफ़ नजर आता है।

मेरे सुख-दुखों में सम्मिलित होने के लिए मेरी जीवन संगिनी जीवित नहीं है। मेरी चार पुत्रियाँ हैं। उनका विवाह हो चुका है। वे सुखी जीवन व्यतीत कर रही हैं। भगवान ने उन्हें सन्तान का वरदान दिया है। व्यस्तता के कारण मैं अपने नाती-नातियों को समय नहीं दे पा रहा हूँ। मैं जो भी लिखता हूँ मेरी ज्येष्ठ पुत्री उसकी नकल करती है, उसे पढ़ती है और उस पर अपना मत प्रकट करती है। वही मेरी रचनाओं की प्रशंसा-समालोचना करती है।

प्रश्न : आपकी व्यक्तिगत अभिरुचियाँ क्या-क्या हैं?

उत्तर : मैं संगीत प्रेमी हूँ। मैं हिन्दी फिल्मी गीत बेहद पसंद करता हूँ। मैं यदाकदा तेलुगु फ़िल्मी गीत सुनता हूँ। मैंने स्वयं ७५% तक अपने तेलुगु फ़िल्मी गीत नहीं सुने हैं। जब कभी कोई पंजाबी लोकगीत सुनता हूँ तो मेरा मन नाचने को कहता है। स्वर्गीय टी. कृष्ण एवं विश्वनाथ की फ़िल्में मेरे हृदय को छू लेती हैं। मैं बिना चूके दूरदर्शन पर धारावाहिक देखा करता हूँ। कक्काजी कहिन धारावाहिक मुझे पसंद आया। परन्तु महाभारत धारावाहिक के माता श्री, पिता श्री, भ्राता श्री व भाभी श्री शब्द मुझे बड़े अटपटे व अस्वाभाविक लगते हैं। दूरदर्शन के धारावाहिक अपने सकल अभिनय के कारण लोकप्रिय हैं। कुछ अभिनेताओं का अभिनय प्रशंसनीय है। कुछ कलाकारों का अभिनय मुझे रुलाये बिना नहीं छोड़ता।

मैं रोज सबेरे टहलने निकलता हूँ। जहाँ कहीं मैं जाता हूँ अपने साथ कैनवास शूज़ ले जाता हूँ। इसीलिए "नड़का ना तल्ली, परुगु ना तण्ड्री, कविता ना ऊपिरी," (हवाखोरी मेरी माता, द्रुतगमन मेरा पिता, साँस मेरी कविता) कृति बन पड़ी।

प्रश्न : आपके मन पर ज्ञानपीठ पुरस्कार घोषणा की क्या प्रतिक्रिया हुई?

इसकी घोषणा सुनकर मैं आश्चर्यचकित हो गया। देखिए अमरजी,

जब आपको यह अच्छी तरह मालूम है कि ऐसा कुछ ज़रूर होने वाला है, और जब यह हो ही जाता तो आपको अचंभा नहीं होता। हर बार प्रारंभिक दशा में मेरा नाम पुरस्कार हेतु विचाराधीन रहा। परन्तु इस वर्ष मैंने आशा नहीं की थी। सचमुच घोषणा ने मुझे आनन्द विभोर कर दिया। इसका तात्पर्य यह नहीं कि मैं विगत वर्षों की स्थिति से निराश व उदास हो गया था। मैं आशावादी हूँ। वास्तव में एक बार सर्वोत्कृष्ट पुरस्कार प्राप्त हो जाता है तो जीवन में उपलब्धि व उल्लास का आनन्द लगभग समाप्त हो जाता है। देखिए, मान्यता के मौके बारी-बारी से आने चाहिए। जब मैं 'पद्म श्री' से अलंकृत किया गया तो हर्षोल्लासित हो उठा। 'कला-प्रपूर्ण' एवं मीरट पुरस्कार के अवसर पर भी आनन्दमग्न हो गया। अब तक के मेरे पुरस्कारों के सिलसिले में एक दूसरे के बीच वक़्त का फासला रहा है। मेरी अंतरात्मा गवाह है कि मेरे वरिष्ठ मित्रों के साथ न्याय नहीं हो पाया है।

प्रश्न : आपका कोई उल्लेखनीय कार्य....?

उत्तर : "स्वाधीनता कौम की साँस है" (light and sound) में सन् १९५७ से लेकर सन् १९८४ के श्रीमती इंदिरा गाँधी के महाप्रयाण तक की घटनाओं का छायांकन है। इसे दक्षिणांचलीय प्रसार विभाग द्वारा आंध्र प्रदेश भर में दर्शाया गया।

प्रश्न : जीवन में आपकी अभी कोई आकांक्षा अधूरी रह गयी है?

उत्तर : आगे स्तरीय काव्य-रचना करने तथा जनता जनार्दन की भलाई करने की मेरी अभिलाषा शेष है। मैं साहित्यिक, सांस्कृतिक व सामाजिक संगठनों की सेवा-सहायता करना चाहता हूँ। मैं एक अद्भुत रचना का सृजन करना चाहता हूँ। जब यह पूरी हो जाएगी तो मुझे पूर्ण विश्वास है कि यह निश्चित ही एक अपूर्व रचना होगी। फिलहाल मैं इसे रहस्य ही बनाये रखना चाहता हूँ।

प्रश्न : आप अपने संस्मरण कब लिखेंगे?

उत्तर : अनेक मुझसे संस्मरण लिखने पर आग्रह कर रहे हैं। इस ५८ वर्ष की उम्र में मैं अभी अपने को जवान ही मानता हूँ। मुझ में अभी लिखने की प्रवृत्ति प्रज्वलित है। मेरी लेखनी में अभी स्फुलिंग विद्यमान हैं। मेरे ख्याल में साठ साल के बाद ही संस्मरण लिखना चाहिए। क्योंकि उस समय तक लिखने की प्रवृत्ति घटने लगती है। अभी मेरे मस्तिष्क में विचारों का उन्माद उमड़ रहा है। वह उन्माद कविता का

वरण करना चाहता है। मैं इस प्रवृत्ति को अभी जारी रखना चाहता हूँ। समय आने पर मैं संस्मरण, आत्म-कथा अवश्य लिखूँगा।

प्रश्न : अपनी पुर -कार राशि को आप किस प्रकार उपयोग में लाना चाहते हैं।

उत्तर : पहले मैं अपनी पुरस्कार राशि को संस्था-संगठनों को दान में दे दिया करता था। मेरी अनेक पुस्तकें पुनर्मुद्रण की बाट जोह रही हैं। उन्हें प्रकाशित करने में पुरस्कार राशि को उपयोग में लाना चाहता हूँ। काव्य-संकलन प्रकाशित करने के लिए कोई प्रकाशक आगे नहीं आता। काव्य-ग्रंथों का पुनःप्रकाशन कोई इतना सरल साध्य कार्य नहीं।

डा. सिंगि रेड्डी नारायण रेड्डी एक साथ कवि, गीतकार, शिक्षा शास्त्री, वक्ता, समीक्षक व प्रशासक हैं। आपकी रचनाएँ अनेक भाषाओं में अनूदित हुई हैं। क्रिकेट का खिलाड़ी एक के पश्चात् एक गेंद अपने बल्ले से मारते ही चला जाता है और रन गिनने का कार्य दूसरों को सौंप देता है। वह शतक पर शतक मारता ही चला जाएगा और विश्व रिकार्ड स्थापित करेगा। वह अवश्य एक के पश्चात् एक कीर्तिमान स्थापित करके ही रहेगा। वे जीवन के मार्ग में द्रुतगति से अग्रसर होते ही चले जा रहे हैं कि इन्हें पुनः पीछे मुड़कर देखने का अवसर ही नहीं मिला। ये साहित्य महारथी एक के बाद एक मील के पत्थर गाढ़ते ही चले आ रहे हैं। इन्हें नापने या गिनने का कार्य वे भावी पीढ़ी पर छोड़ रहे हैं। इतना सब कुछ लिखने के बाद भी इनमें और भी कुछ कर गुज़रने की तमन्ना है।

आपका सीहित्य भावी पीढ़ी के लिए मार्ग दर्शक का कार्य कर सकेगा, ऐसा मेरा दृढ़ विश्वास है। आपका प्रयोग धर्म तथा रचना कर्म ज्वलंत उदाहरण व प्रेरणा का स्रोत बनेगा। आप उदार, सहनशील सुसंस्कृत, सुशील एवं विनय की प्रतिमूर्ति हैं। इस प्रबुद्ध साहित्यकार के सम्मुख कुछ क्षण मुखरित हो उठे। मैंने उनके सम्मुख मन ही मन नत-मस्तक होकर वहाँ से प्रस्थान किया।

● ●